2008中国年谱

奥运你好

连玉明 武建忠⊙主编

中国时代经济出版社

图书在版编目（CIP）数据

奥运你好/连玉明，武建忠主编.—北京：中国时代经济出版社，2009.1

（2008中国年谱·丛书）

ISBN 978-7-80221-795-9

Ⅰ.奥…　Ⅱ.①连…②武…Ⅲ.奥运会-大事记-中国-2008 Ⅳ.G811.21

中国版本图书馆CIP数据核字（2008）第201753号

奥运你好

连玉明　武建忠⊙主编

出 版 者　中国时代经济出版社

地　　址　北京市西城区车公庄大街乙5号

鸿儒大厦B座

邮政编码　100044

电　　话　（010）68320825（发行部）

（010）88361317（邮购）

传　　真　（010）68320634

发　　行　各地新华书店

印　　刷　北京佳信达恒智彩印有限公司

开　　本　787×1092　1/16

版　　次　2009年1月第1版

印　　次　2009年1月第1次印刷

印　　张　14.5

印　　数　1~5000册

字　　数　219千字

定　　价　38.00元

书　　号　ISBN 978-7-80221-795-9

序

今天是2008年的最后一天，确切地说是最后几个小时。

在我的人生中，从来没有像此时此刻如此的不平静。大悲大喜之后激越与伤感的泪水在心灵深处流淌。这泪水为谁而流，为什么而流，流的又是什么？或许，这正是弘一大师所说的“悲欣交集”吧！

2008年是不平凡的。春的严酷，夏的磨难，秋的悲愤，冬的忧思。盛夏的北京奥运使炽热的盛夏扬眉吐气，严冬的金融海啸让寒冷的严冬雪上加霜。不期而至的惊恐和喜悦同时与我们相伴。

2008年是分明的，又是混浊的；是激情的，又是悲壮的；是轰轰烈烈的，又是危机四伏的。经历着2008年的每一个人，都经历着一种震憾。这种震憾让人性闪耀光芒，让大爱彰显力量。

2008年即将成为历史。2008年的喜、怒、哀、乐、悲、恐、惊也将伴随时光的推移被我们渐渐忘却。历史不会重演，但历史往往有着惊人的相似。2008走了，下一个2008还会来吗？假如2008重演，我们又将会怎样呢？

生活是没有假如的。历史的车轮总是滚滚向前。2008年是我们行进中的坐标，我们不能停下脚步。但脚下的路、路上的辙、辙上的印记却会深深地铭刻我们的记忆中，也许这些印记会使我们的前行更自信、更稳健、更豪迈。

人总要经历许许多多的跨越。每个跨越中既充满着希望，也潜伏着危机。我们期待着春天的永恒，我们却经历着冬天的考验。紧迫感和危机感时刻伴随着我们。在这个瞬息万变的时代，唯有惶者才能生存。

每一个人都是自己命运的缔造者。若能在美丽中欣赏美丽，在痛苦中觉醒痛苦，在烦恼中关照烦恼，在悲哀中超越悲哀，在贪婪中拯救贪婪；在每一个生活的片断中保持坚毅的心情、豁达的气度、宽广的胸襟，在每一个生命的历程中弘扬善良、温厚、友谊、爱和勇气，那么，我们就会排除彷徨，战胜磨难，节制欲望，拒绝诱惑，在困境中坚定信心，从危难中积聚力量，找到一个新的起点。

我们永远在路上。我们要有结伴而行的激情，也要有独自高歌向前的豪迈；要有正视困惑的勇气，又要有搜寻出路的毅力；要有自豪感，更要有危机感。繁荣的创造是轰轰烈烈的，而危机的到来却是不知不觉的。冬天来了，冬天会很冷。一个智者说，没有预见，没有预防，就会冻死。谁有棉衣，谁就会活下来。

我们每一个人，准备棉衣了吗？

2008年12月31日

人文奥运：丰富的文化理念和精神价值的展现

绿色奥运：环境与人类生存之间的和谐统一

科技奥运：节能降耗、可持续发展的典范

工程规划：既注重场馆便利又着眼赛后利用

城市运行：常态管理和非常态管理的有机结合

安全第一：确保万无一失

奥运经济：中国经济的助推器

奥运开幕：打开“同一个世界 同一个梦想”新篇章

2000多年前，一个西方古国创办奥林匹亚竞技会，拉开了人类寻梦的序幕。2008年，北京踏着29个足印，演绎了“同一个世界，同一个梦想”。当“鸟巢”里的圣火再次点燃人类激情，放飞人类梦想的时刻，橄榄枝绽放出染绿世界的新芽。2008年8月8日晚，举世瞩目的北京第29届奥林匹克运动会开幕式在国家体育场隆重举行。国家主席胡锦涛出席开幕式并宣布本届奥运会开幕。本届奥运会共举行28个大项、38个分项的比赛，产生302块金牌。有2万多名运动员、教练员和官员参加。在这16天中，有38项世界纪录、85项奥运会纪录被打破。作为东道主，中国在本届奥运会上以51枚金牌高居金牌榜第一。

2008年8月24日晚，第29届奥运会闭幕。中国人民用满腔热情兑现了庄严的承诺，实现了“绿色奥运、科技奥运、人文奥运”，留下了巨大而丰富的文化和体育遗产。2008年北京奥运会是体育运动的盛会、和平的盛会、友谊的盛会。这16天，是扣人心弦的16天，也是荡气回肠的16天；是奥林匹克精神得到优美阐释的16天，也是奥林匹克价值观继续发酵的16天；是中国走上世界舞台中心的16天，也是中国与世界握手、对话和融合的16天。国际奥委会主席罗格在闭幕致辞中称本届奥运会是一届真正的无与伦比的奥运会。

举办奥运会是一个庞大而复杂的系统工程。在整个筹办过程中，北京市委、市政府和北京奥组委始终坚持统筹兼顾的科学方法，保证了重点工作和各项工作整体发展、协调并进。北京奥运会采用了一城主办、多城协办的格局。北京奥组委发挥各地资源优势，统筹兼顾地区之间、北京与其他城市之间的关系，让更多的城市和民众直接参与到北京奥运会中来，推动这些城市的体育运动和城市建设的发展，推进北京与这些城市之间的交往与合作，把北京奥运会真正办成全国人民的盛会。

北京奥运会开幕式于2008年8月8日晚在中国国家体育场——“鸟巢”举行。两个小时左右的运动员入场式结束后，北京奥组委主席刘淇致辞。刘淇在致辞中说，举办奥运会是中华儿女的百年梦想。7年前，13亿中国人民与奥运有一个美好的约定。从那时起，在国际奥委会的指导帮助下，中国政府和人民满怀激情，以最大的努力实践“绿色奥运、科技奥运、人文奥运”理念，认真做好筹办工作，兑现向国际社会做出的郑重承诺，使奥林匹克精神在中华大地得到了更广泛的传播。

在我国四川发生特大地震灾害后，国际社会与国际奥委会的支持和援助使中国人民感到温暖，也使我们增强了重建美好家园、办好北京奥运会的信心。奥林匹克运动的魅力在于她巨大的包容力。今天，全世界204个国家、地区，不同民族、不同宗教信仰的人们，相聚在五环旗下，增进了解、加深友谊，共同奏响“同一个世界、同一个梦想”的乐章。

奥林匹克精神的真谛在于“追求以人为本，实现人的自我超越和自我完善”。每一位运动员都将在公平竞争的环境中，展现精湛的技艺，迸发参与的激情，创造心中向往的辉煌。

北京奥运会的重要使命在于促进世界各国文化的交流，我们真诚地希望中华民族悠久的历史文化、充满生机活力的城市和农村、热情好客的人民能够给朋友们留下美好的记忆。

国际奥委会主席罗格在致辞时说，长久以来，中国一直梦想着打开国门，邀请世界各地的运动员来北京参加奥运会。

今晚，梦想变成了现实，祝贺北京！

你们选择“同一个世界、同一个梦想”作为本届奥运会的主题，今晚就是这个主题的体现。

罗格说，我们处在同一个世界，所以我们像你们一样，为四川的地震灾难而深感悲恸。中国人民的伟大勇气和团结精神使我们备受感动。我们拥有同一个梦想，所以希望本届奥运会带给你们快乐、希望和自豪。

罗格说，各位运动员，我们的创始人皮埃尔·德·顾拜旦是因为你们而创立了现代奥林匹克运动会。奥运会属于你们。让奥运会成为运动员的盛会。

请大家牢记，奥运会不仅仅意味着比赛成绩。奥运会还是和平的聚会。204个国家和地区奥委会相聚于此，跨越了民族、性别、宗教以及政治制度的界限。

2008年8月8日晚8时，中华人民共和国国家主席胡锦涛在中国国家体育场，隆重宣布第29届奥林匹克运动会开幕。

北京奥运会既是一个大舞台，又是一个大考场；既是一次大机遇，又是一次大挑战。7年的默默操练，16天的闪亮登场，中国人民向世界人民交了一份满意的答卷。北京奥运会是短暂的，它在中华民族的发展史上只是弹指一挥间，然而，它却注定要成为中华民族成长道路上的一个里程碑和重大标志性事件，成为中国人民实现新跨越的历史起点。北京奥运会的内涵已经远远超出竞技体育的范畴，它以宽广的视野为东西方文明提供了一个近距离接触和交流的难得机遇，并给予人们深深的启迪。

国际残奥委会主席克雷文在残奥会开幕式上致辞

尊敬的胡锦涛主席及夫人，各位运动员、各位官员，尊敬的各位来宾，来自世界各地的残奥运动支持者们：

晚上好，欢迎你们！今晚，我们在此相聚，共同庆祝北京2008年残奥会隆重开幕。本届残奥会的规模空前，无论是运动员人数、参赛国家数量还是体育项目数量，都超过往届残奥会。

这是残奥运动史上的一座里程碑。我们为此感到欢欣鼓舞，我们的心也与2008年上半年接连遭受自然灾害的数百万中国人民在一起。灾难没能阻挠中国，没能阻挠北京奥组委和刘淇主席继续筹办奥运会。北京奥运会精彩绝伦，相信北京残奥会也一定会圆满成功。

我想对你们致以谢意，感谢你们的出色工作。7年以来，我们的合作一直是友善、坦诚、稳健、互敬和富有建设性的。我还要感谢国际奥委会给予我们的支持，感谢雅克·罗格主席，感谢终身名誉主席胡安·安东尼奥·萨马兰奇先生，今晚他也与我们在一起。

毋庸置疑，今晚以及此后的十一天当中，运动员们将是真正的英雄。残奥运动员们，你们为了来到这里，历经了无数个春秋的苦练。你们一定要淋漓尽致地发挥，一定要尊重公平竞赛的精神。谁人都无法预知，你们将如何超越最大胆的梦想。

你们来到这里，也是为了愉悦身心，结交朋友，将北京、青岛和香港留存为永恒的记忆。这不是关于希望，而是关于远见卓识和你们所代表的一切。无论你们是在运动场上展现风采，还是在国际残奥会运动员委员会选举中坦陈意见，我们都想从中领略你们的自信与独立。此刻，我想与大家一同欣赏这座美轮美奂的体育场。“鸟巢”是一个活生生的例证，象征着中国对于建设现代化世界的承诺。

我们都可以看到，这座由钢筋、混凝土、玻璃和其他高科技材料建造而成的建筑气势恢弘。然而在今夜，当你们大家，观众们、演员们和运动员们置身于这座极富建筑美感的体育场时，它才真正被赋予了生命。而当随队官员、赛事官员、媒体、赞助商以及中国无与伦比的志愿者们也来到这里时，你们将共同创造独一无二的残奥经历。

从明日起，我们将看到一幕幕的好戏，我们将看到胜利，我们将看到失望。然而，最为重要的是，当我们相聚在一起，我们将融入那独特的力量之源，它似乎触手可及，又的确可被呼吸，它存在于残奥运动的核心，我们称之为残奥精神。它一旦占据你的心灵，你将难以割舍。它将伴随你的一生！

在北京2008年残奥会的12天当中，你将会发现，那些你本以为存在于世上的差别其实远非那么明显。你们将会看到我们共处同一个世界。谢谢！

人文奥运

丰富的文化理念和精神价值的展现

2008
中国年谱
奥运你好

人文奥运的深刻内涵、目标与任务

2002年7月13日正式公布实施的《北京奥运行动规划》，提出了“新北京、新奥运”两大主题和“绿色奥运，科技奥运，人文奥运”三大理念，其中，人文奥运是三大理念的核心。应该说，人文奥运理念包含了丰富的文化理念和精神价值，其核心理念在于“和谐”，体现为以奥运促进国与国之间的和平、家庭邻里关系之间的和睦、人与人之间关系上的和爱。人文奥运的提出，不仅是北京对世界的一个庄严承诺，也为北京构建和谐社会的城市发展提供了积极的精神动力。

按照北京市2005年发布的《人文奥运行动计划实施意见》（以下简称《意见》），北京2008年奥运会的基本理念是绿色奥运、科技奥运和人文奥运。人文奥运是北京奥运的灵魂。人文奥运的基本内涵包括：传播现代奥林匹克精神，展示中华民族灿烂文化，推动东西方文化的交流合作，促进人与自然、人与社会、人的精神与体魄的和谐发展。充分体现“参与奥运、得益奥运”，充分体现“中国风格、人文风采、时代风貌、广泛参与”的特点。

人文奥运是文化的奥运，是以人为本的奥运，是实现和谐的奥运，是“更高、更快、更强”与“和谐、和睦、和平”的有机统一。

人文奥运的总体目标是，坚持以人为本，使北京奥运成为提高人的素质、促进人的全面发展的重要载体；坚持培育和弘扬民族精神，使北京奥运成为展示中华民族悠久历史和灿烂文化的广阔舞台；坚持相互学习、共同发展，使北京奥运成为东西方文化相互交融的纽带、桥梁；坚持现代奥林匹克理念和奥林匹克精神，使北京奥运成为创新、推广世界奥林匹克运动的新的标志。

人文奥运的主要任务是，努力提升市民思想道德素质、科学文化素质和健康素质，展示中国人民文明礼貌、热情友好、奋发向上的精神风貌；大力开展丰富多彩的文化主题活动，展示世界各国、各地区的优秀文化成果；深入挖掘中华文化丰富资源，向世界展示中华民族优秀文化的无穷魅力；积极发展文化产业，不断满足广大市民和海内外游客的现代文化生活和旅游观光需求；科学规划和建设城市形象景观，展现北京历史文化名城的古老神韵和现代活力；广泛开展社会宣传动员工作，学习奥林匹克知识，传播奥林匹克精神，为成功举办一届有特色、高水平的奥运会凝聚力量。

实施人文奥运的四大工程。一是市民素质提升工程：主要包括开展市民文明教育活动、开展“共铸诚信”优质服务活动、推进精神文明创建活动、抓好市民讲外语活动；二是文化建设推进工程：主要包括精心组织策划好奥运会开幕式和闭幕式、举办丰富多彩的文化活动、拓展对外文化交流领域、开展有特色的群众体育健身活动、加强文化设施建设、发挥文化设施作用、加快文化旅游产业发展；三是城市景观营造工程：主要包括美化城市景观、展现历史文化名城风貌、完善城市公共标志和户外宣传设施、优化无障碍环境、大力整治城市环境；四是社会动员志愿培训工程：主要包括开展群众性奥林匹克知识学习教育活动、深入做好奥运会会歌、吉祥物、宣传口号的征集和圣火传递工作、做好对内对外舆论引导工作、搞好志愿者队伍的组织培训工作。

按照《意见》部署，人文奥运实施分三个阶段。广泛动员、重点实施阶段：2005年1~12月，在全市范围内运用各种形式，包括组织开展“人文奥运进社区”活动，广泛、深入做好推进人文奥运的宣传发动工作，保证人文奥运行动计划全面实施，做到人文奥运理念广为传播、家喻户晓。

深入推进、全面落实阶段：2006年1月~2007年12月，人文奥运各项计划实施进入纵深展开态势，城市人文形象景观逐步展示；窗口行业服务基本达标，市民

文明素质和城市文明程度明显提高；奥林匹克学习教育活动深入、系统地普及到学校、社区、家庭和各个社会单位；志愿者和各项培训工作全面开展；形成各种媒体统一协调的宣传体系，在社会上营造出强烈的人文奥运舆论氛围；奥运会开幕式、闭幕式和重点文化活动进入全面策划、创作、筹备阶段；一批为北京奥运创作生产的精神文化产品进入社会；“人文奥运”四大工程确定的主要任务基本实现。

巩固提高、展示成果阶段：2008年1~8月，全市人文环境氛围浓郁，文明程度显著提高，城市面貌焕然一新。人文奥运各项主题活动逐月达到高潮。到奥运会举办时，首都北京以一流的市容环境、一流的服务水平、一流的社会风尚、一流的文化氛围迎接四海宾朋。

根据《北京奥运行动规划》提出的目标和任务，奥运会的文化环境建设，将突出“人文奥运”的理念，强调“以人为本”的思想，体现“辉煌而又朴素”的文化品格，以“体育健身、文化美心”和“奥运兴业、文明兴都”为主要内容，广泛吸引民众参与，动员整合各类文化资源，在未来6年中力争将北京建成文化人才集中、文化设施完备、文化市场完善、文化产业发达、文化气息浓厚的城市，为承办一届历史上最出色的奥运会创造一个具有“古都特色、中国风格、东方气派”的文化环境，向世界展示北京城市繁荣文明的崭新形象和北京市民昂扬向上的良好风貌。2002年9月24日，北京市宣传部颁布了《北京奥运行动规划文化环境建设专项规划》，从九个方面进行了部署。

北京奥运行动规划文化环境建设专项规划

方面	部　署
文化活动	文化活动是举办奥运会的重要组成部分。在筹办和举办奥运会过程中组织的文化活动，要吸引一流人才和广大民众的热情参与，通过精心设计和反复锤炼，创造出具有浓郁北京人文特色的标志性、国际性文化品牌。包括：奥林匹克仪式、奥林匹克文化节、文化活动计划。

续表

方面	部署
文化设施	按照建设现代化国际大都市的要求，综合开发利用既有文化设施，精心设计和建设一批功能完备、风格多样、布局均衡的文化设施，不断满足市民文化生活需求。包括：文化场馆、城市雕塑、大型电子屏幕墙。
奥林匹克教育和传播	教育是奥林匹克主义的核心内容。未来6年，要通过多种方式普及奥林匹克知识，传播奥林匹克理想，推动奥林匹克精神的本土化。包括：学校教育、媒体传播、网络传播、社会传播。
古都景观	按照北京市文物局制定的《"古都奥运"文物保护计划》，加大文物保护力度，妥善保护北京古都景观和文物古迹，充分展示北京的历史文化风貌，为2008年奥运会增添东方文化的神韵。包括：历史文化名城保护、文物修缮、历史文化遗产展示和利用。
城市文明	在全社会大力倡导"爱国守法、明礼诚信、团结友善、勤俭自强、敬业奉献"的基本道德规范，以建首善、创一流为目标，全面提升首都公民道德建设水准和城市文明程度，展现新北京形象、迎接新奥运举办。包括：奥运志愿者、文明服务、文明市民、文明社区。
语言环境	以学好外文，用好、推广普通话和规范汉字为主要内容，扎实推进语言环境建设，为运动员、奥林匹克组织、来宾和观光者提供一流的语言服务。包括：外语学习和普及、普通话、规范汉字运用和推广、导向标志。
社会体育	未来6年，北京市体育事业将进入快速发展时期，要大力发展群众体育运动，充分开放利用现有体育场馆和新建成的场馆，满足群众体育健身的需求。要努力增强群众体育健身意识，深入推进全民健身活动，创造科学健康文明的生活。包括：体育意识、体育活动、体育设施。
文化旅游	旅游业是举办奥运会最直接的受益产业。由北京市旅游局制定实施《北京奥运旅游行动规划》，以"东方古都、长城故乡"为奥运旅游的形象目标，把旅游环境建设、旅游产品开发、旅游宣传促销集中到打造国际一流、国内首位的旅游文化名城上来，并实现旅游收入与旅游者人数的同步增长。包括：旅游环境、旅游产品和商品、旅游促销。
产业发展	文化产业是重要的朝阳产业，要抓住奥运商机，壮大实力，增强活力，提高竞争力，跻身国际市场。体育、媒体、会展、演艺等行业要取得突破性进展；新闻出版、广播影视集团要大力拓展对外业务，扩大国际知名度；建立与全国文化中心地位和功能相适应的文化市场体系，使北京文化产业的增加值占到全市GDP的10%，使文化型经济成为首都经济的重要支柱。包括：体育产业、媒体产业、文化市场。

人文奥运最亮丽的风景

人文奥运不仅是一个文化理念，而且是一个具有实践特性的可持续发展的文化发展战略。其核心理念是和谐，其用意旨在以奥运促发展，以城市的发展带动奥运的筹办。它把城市的可持续发展目标定位放在城市建设的硬件设施和软件的优化相结合上，把经济增长与市民人文素质、生活质量的提高有机结合起来。为推动人文奥运的实施，2006年2月5日，中央精神文明建设指导委员会、第29届奥林匹克运动会组织委员会发布了《关于广泛开展“迎奥运、讲文明、树新风”活动的通知》（以下简称《通知》）。《通知》提出，为大力推进社会主义精神文明建设，确保举办一届有特色、高水平的奥运会，中央文明委、北京奥组委决定，在全国组织开展“迎奥运、讲文明、树新风”活动。“迎奥运、讲文明、树新风”活动的指导思想是，以邓小平理论和“三个代表”重要思想为指导，全面贯彻落实科学发展观，按照构建社会主义和谐社会的要求，紧紧抓住迎接和举办奥运会的有利契机，以讲文明、讲礼貌、树立文明新风为重点，广泛开展“迎奥运、讲文明、树新风”活动，大力倡导崇尚文明、弘扬正气的社会风尚，充分展示中华民族积极进取、奋发向上的精神状态，进一步促进公民文明素质和社会现代文明程度的提高，为成功举办2008年北京奥运会创造文明和谐的社会环境。

“迎奥运、讲文明、树新风”活动的工作重点是，积极培育文明社会风尚、切实加强社会公共秩序建设、不断提高社会服务水平、努力改善城乡环境面貌。工作要求是，高度重视，精心组织；分步实施，积极推进。从2006年到2008年北京奥运会举办，活动分四个阶段进行。第一阶段，制订方案、部署动员。2006年上半年，各地各有关部门要根据本《通知》的精神和目标任务分工，制订具体实施方案，提出明确工作措施，做好部署动员。第二阶段，全面展开、积极推进。从2006年下半年至2008年奥运会举办前，各地各有关部门要从实际出发，围绕活动主题，积极开展丰富多彩的创建活动。第三阶段，集中力量、形成高潮。北京奥运会举办期间，各地各有关部门特别是北京和其他分赛场要把全社会力量动员起来，统一步调，集中行动，确保各项赛事顺利进行。第四阶段，总结经验、巩固成果。奥运会结束后，要认真总结经验，把取得的成果巩固下来，把良好的态势保持下去，推动精神文明建设深入发展。

“迎奥运、讲文明、树新风”活动开展后，广大干部群众积极响应，形成了良好的发展势头。为推动这项活动深入开展，2007年12月，中央精神文明建设指导委员会制订了《关于深入开展“迎奥运、讲文明、树新风”活动的实施方案》。

深入开展“迎奥运、讲文明、树新风”活动的活动内容和重点项目是，在已有工作基础上，加大力度、充实内容、扩大范围，精心组织针对性、参与性、实效性强的特色活动，激发调动社会各界和广大干部群众的参与热情，着力在倡导文明礼仪、整治公共秩序、提高服务质量、改善城乡环境四个方面取得明显成效，促进公民文明素质和社会文明程度的提高，为奥运会营造文明和谐的社会环境。开展文明风尚宣传普及活动、实施赛场文明工程、实施窗口行业文明服务工程、开展奥运志愿服务活动、组织“全民健身与奥运同行”活动、实施城乡环境综合改善工程、开展文明交通行动、推进提升中国公民旅游文明素质行动计划。

深入开展“迎奥运、讲文明、树新风”活动分两个阶段：第一阶段，2007年3~7月，即从奥运会开幕倒计时500天（3月27日）到1周年（8月8日）前，主要是宣传教育形成热潮，重点工作逐步铺开。下发《关于深入开展“迎奥运、讲文明、树新风”活动的实施方案》，对“迎奥运、讲文明、树新风”工作进行再动员。运用大众传媒、知识竞赛、文体活动等多种形式，大力普及奥运知识和文明礼仪知识，使“迎奥运、讲文明、树新风”活动深入社区、深入基层、深入人心，营造浓厚氛围。陆续启动八个重点项目，各项活动逐步展开，形成大中城市普遍行动、广大群众积极参与的良好态势；第二阶段，2007年8月到年底，即从奥运会开幕倒计时1周年到2008年元旦前，各项工作全面推进，深入开展，取得阶段性成效。在奥运会开幕倒计时1周年之际召开电视电话会议，总结推广成功做法，部署下一阶段活动。利用2007年将举办“好运北京”国际体育赛事和其他大型赛事比较集中的时机，推动八项工作兴热潮、见实效，使公民文明素质和社会文明程度明显提高，全民健身的参与度和文明观赛水平明显提高，志愿服务和相关行业服务质量明显提高，城乡环境和公共秩序明显改善，为2008年“迎奥运、讲文明、树新风”活动形成高潮打下坚实基础。

15个副省级城市公共文明指数

位次	城市	总分	公共环境	公共秩序	人际交往	公益行动
1	大连市	96.97	33.99	29.46	26.51	7.01
2	厦门市	96.17	33.46	29.25	26.52	6.94
3	深圳市	85.59	32.29	21.72	24.82	6.76
4	宁波市	85.52	33.02	20.35	25.59	6.56
5	沈阳市	85.13	30.77	23.86	24.62	5.88
6	成都市	84.36	29.61	22.47	25.35	6.93
7	杭州市	84.35	32.27	21.06	24.43	6.59
8	青岛市	82.12	31.29	19.78	24.32	6.73
9	哈尔滨市	81.65	31.38	19.09	24.63	6.55
10	西安市	81.14	28.28	21.53	24.96	6.37
11	长春市	80.91	30.87	19.84	24.23	5.97
12	广州市	80.45	29.43	19.74	24.68	6.60
13	武汉市	80.27	29.99	19.90	23.82	6.56
14	南京市	77.24	29.40	18.52	23.00	6.32
15	济南市	76.69	29.00	17.43	23.66	6.60

注：满分100分，其中：公共环境34.8分，公共秩序30.8分，人际交往27.2分，公益行动7.2分。

志愿服务是人文奥运的价值所在

奥运会是运动员的盛会，也是志愿者的盛会。有着光荣传统的北京志愿者将与来自海内外的志愿者携手奥运，通过志愿服务，为北京奥运会增添无限光彩。志愿者真挚的笑容、友善的行为将唤起每一位奥运会参与者的心灵共鸣，跃升为

○●2008年8月16日，游客在北京中华世纪坛奥运文化广场内参观奥运图片展。奥运会期间，北京市开辟了26个奥运文化广场，并以这些广场为载体举办奥运主题文化展览、文艺演出等活动，将奥林匹克精神与中国传统文化完美结合，为来自世界各地的朋友奉上丰盛的文化大餐。

一道连接中华文明与奥林匹克文化的亮丽彩虹，永载奥运史册。在8月8日北京奥运会开幕式上，国际奥委会主席罗格在致辞中说：“我们要特别感谢成千上万、无私奉献的志愿者们，没有他们，这一切都不可能实现。”之后举行的奥运会、残奥会证实了罗格的说法。在奥运会、残奥会的闭幕式上，奥运会志愿者代表史无前例地出现在闭幕式舞台上，24名优秀志愿者代表接受了新当选的国际奥委会、国际残奥委委员的献花，这是对志愿者的高度褒奖。

本届奥运会对志愿者的尊重和肯定在奥运会历史上是绝无仅有的，而北京奥运会志愿者的付出也是历史上史无前例的。在北京奥运会期间，共有170万名志愿者参与奥运会的服务，12万多名赛会志愿者直接为赛会提供服务，40万名城市志愿者在城市和场馆周边提供城市志愿服务，100万名社会志愿者在全市社区乡镇开展志愿服务，20万名拉拉队志愿者在赛场为运动员加油助威。志愿者的服务赢得了官员、运动员、媒体和观众的广泛赞誉。据统计，奥运会、残奥会期间，赛会志愿者、城市志愿者、社会志愿者和拉拉队志愿者在各类服务领域累计服务超过两亿小时。

2008年奥运会志愿者的微笑就是北京最好的名片！北京奥运会志愿者将坚持以人为本，践行“服务至上、和谐至上”的行动理念。倡导服务精神，激发服务热情，提升服务能力，以创新的勇气、精神和方法，为奥运会和残奥会提供“有特色、高水平”的志愿服务。以和谐为导向，尊重多样化和差异性，促进不同种族、地域、文化的人们之间的相互尊重理解，推动人与自然的和谐共处，推动人与社会的协调发展。2005年11月8日，《北京奥运会志愿者行动计划》发布。用以指导北京奥运会志愿者行动各项目和各运行计划的制订和实施。

《北京奥运会志愿者行动计划》提出志愿服务的总则是，志愿者是指自愿贡献个人时间和精力，在不计物质报酬的前提下，为推动人类发展、社会进步和社会福利事业而提供服务的人员。志愿服务是公众参与社会生活的一种重要方式。北京奥运会志愿者行动所称的志愿者是指从现在起到2008年，在奥运会、残奥会筹备和举办全过程中以自愿为原则，以志愿服务为基本形式，在北京奥运会志愿者行动项目体系内，服务他人、服务社会、服务奥运的志愿者。北京奥运会志愿者行动包括四个项目：“迎奥运”志愿服务项目、奥运会赛会志愿者项目、残奥会赛会志愿者项目、奥组委前期志愿者项目。

按照《北京奥运会志愿者行动计划》的部署，为2008年奥运会和残奥会提供“有特色、高水平”的志愿服务是北京奥运会志愿者行动最直接、最重要的目标。通过组建一支规模宏大、参与面广、代表性强、服务水平高的志愿者队伍，倡导志愿服务精神、创新服务形式、丰富服务内容、提升服务品质，为北京奥运会和残奥会提供人性化、个性化、专业化的服务，努力构建富有中国特色、符合奥运规则、体现国际水准的志愿服务理论和实践体系，为奥林匹克运动留下浓郁的中国韵味，形成鲜明的北京印象。北京奥运会志愿者行动的准则是，坚持以人为本、坚持大众参与、坚持奥运规则、坚持科学高效、坚持中国特色；北京奥运会志愿者行动的方向是，促进全民广泛参与、促进志愿服务事业发展、促进志愿者全面发展、促进中外文化交流。

北京奥运会志愿者行动计划部署

方面	部署
"迎奥运"志愿服务项目	"迎奥运"志愿服务项目是在奥运会筹备过程中，实践"新北京、新奥运"战略构想和"绿色奥运、科技奥运、人文奥运"理念，营造全民迎奥运的浓厚社会氛围，动员广大市民广泛参与的、形式多样的志愿服务活动。2008年奥运会期间，"迎奥运"志愿服务项目体现为奥运会城市志愿者开展的志愿服务活动，为赛会期间城市运行的良好秩序提供保障，为各国友人提供良好服务，树立和展示北京热情、好客的城市形象。同时，"迎奥运"志愿服务项目为奥运会赛会志愿者的"公益实践计划"提供平台。北京奥组委将从"迎奥运"志愿服务活动中选拔、培训一批符合条件的志愿者作为奥运会赛会志愿者。
奥运会赛会志愿者项目	奥运会赛会志愿者是指由北京奥组委直接或者委托招募，需要制作奥运会身份证件，奥运会期间承担相应岗位职责，在奥组委指定的时间和岗位工作，接受北京奥组委管理，义务为北京奥运会服务的人员。主要任务：通过开展宣传发动、招募选拔、教育培训、公益实践、激励表彰等一系列工作，建设一支数量充足、训练有素的志愿者队伍，奥运会期间为奥林匹克大家庭成员、媒体记者、观众和其他相关人员，提供优质的志愿服务。赛会志愿者服务岗位主要涉及礼宾接待、语言翻译、交通运输、安全保卫、医疗卫生、观众指引、物品分发、沟通联络、竞赛组织支持、场馆运行支持、新闻运行支持、文化活动组织支持等领域。北京奥组委将参照奥运会通行惯例和标准，结合北京实际设置奥运会赛会志愿者工作岗位。奥运会赛会志愿者预计约7万人。奥运会赛会志愿者构成：大学生志愿者、中学生志愿者、社会志愿者、各省市自治区志愿者、京外赛区城市志愿者、港澳台志愿者、海外华侨华人志愿者、在京外国人志愿者、国际志愿者、专业志愿者。运行计划：宣传运行计划、招募选拔运行计划、公益实践计划、培训运行计划、激励保留运行计划、岗位运行计划、赛会运行计划。
残奥会赛会志愿者项目	主要任务：通过开展宣传发动、招募选拔、教育培训、公益实践、激励表彰等一系列工作，形成一支数量充足、训练有素、能够满足残奥会各种特殊需求的志愿者队伍，残奥会期间为奥林匹克大家庭成员、媒体记者、观众和其他相关人员，提供平等热忱、细致周到的服务，为实现"两个奥运同样精彩"作出贡献。残奥会赛会志愿者项目主要服务领域及职能以奥运会赛会志愿者项目为参照，并根据残奥会特点进行局部调整。残奥会赛会志愿者预计约3万人。残奥会赛会志愿者的构成具体参照奥运会赛会志愿者构成。北京奥组委将根据筹备残奥会的工作要求，设计专门项目，面向残疾人招聘志愿者，直接参与残奥会的志愿服务。运行计划：宣传运行计划、招募选拔运行计划、公益实践计划、培训运行计划、激励保留运行计划、岗位运行计划、赛会运行计划。

续表

方面	部　署
奥组委前期志愿者项目	奥组委前期志愿者是指在奥运会筹备阶段，经过招募选拔，参与奥组委的日常工作或专项活动，义务为奥组委提供服务的人员。主要任务：吸纳一定数量的社会各界人士直接参与奥组委的日常工作，并通过开展奥组委前期志愿者的宣传、招募、培训、日常管理、评价激励等系列工作，积累相关经验，为奥运会赛会志愿者工作的成功开展奠定良好基础。前期志愿者构成：奥组委前期志愿者来源于遵守中国法律法规、符合奥组委规定和标准、具备指定岗位要求的能力和素质、自愿为北京奥组委提供义务服务、接受奥组委领导和管理的社会各界人士。大学生志愿者、专业志愿者将构成奥组委前期志愿者的主体。
北京奥运会志愿者行动保障	领导机构与工作机制：北京奥运会志愿者行动的领导机构为北京奥运会志愿者工作协调小组（简称协调小组）。协调小组负责建立奥运会志愿者组织指挥领导体系，为志愿者工作任务的圆满完成提供可靠的组织保证。协调小组根据奥运会志愿者工作的推进，在社会动员、组织指挥、教育培训、联络协调、新闻宣传、后勤保障、技术支持、安全保卫、法律事务、理论研究等领域设立相关工作部门，建立日常工作机制，按年度和阶段研究、落实奥运会志愿者行动各工作项目和运行计划。支持与保障：坚持节俭办奥运，科学测算奥运会志愿者行动必备的经费和物质需求，切实保障奥运会志愿者行动在实际工作中的经费和物质投入，认真做好志愿者经费和物资使用的稽核审计，保证志愿者经费的合理使用。建立和完善一套科学高效的志愿者工作管理系统，保障志愿者工作信息真实准确、协调指挥有力、管理调配规范、环节衔接紧密、整体运行高效。

为大力弘扬志愿精神，普及志愿理念，增强公民社会责任意识，兴起“迎奥运、讲文明、树新风”活动的新热潮，2008年3月10日，中央文明办、民政部、北京奥组委、全国总工会、共青团中央、全国妇联决定，联合开展“迎奥运讲文明树新风志愿服务行动”，制定《关于深入开展“迎奥运讲文明树新风志愿服务行动”的实施方案》。“迎奥运讲文明树新风志愿服务行动”的活动宗旨是，以邓小平理论和“三个代表”重要思想为指导，深入贯彻落实科学发展观，大力弘扬“奉献、友爱、互助、进步”的志愿精神，组织动员广大干部群众以志愿服务

的方式积极参与和支持奥运会，促进人们自觉践行文明礼仪、维护公共秩序、提高服务质量、改善城乡环境，扎实推进“迎奥运、讲文明、树新风”活动，进一步提高公民文明素质和社会文明程度，为举办一届“有特色、高水平”的奥运会营造良好社会环境。根据方案部署，开展“迎奥运讲文明树新风志愿服务行动”，着重抓好六个方面工作：

一是开展宣传普及文明风尚志愿服务行动。以《迎奥运讲文明树新风礼仪知识简明读本》为基本教材，通过组织志愿宣讲团，深入机关、学校、企业、社区等基层单位，利用知识讲座、主题演讲、座谈答问等多种形式，广泛宣传奥林匹克运动和北京奥运会、残奥会基本知识，普及社会礼仪、生活礼仪、涉外礼仪、职业礼仪常识，帮助人们提高文明素养。组织志愿者做好全国“迎奥运、讲文明、树新风”礼仪知识竞赛的群众宣传发动和实施工作。总结青年志愿者开展“与志愿者同行、向世界说你好”文明礼仪推广行动的经验，发动各地志愿者组织设计各具特色的“迎奥运、讲文明、树新风”志愿服务项目。普及“志愿者文明监督岗”，劝导人们自觉遵守礼仪规范。发动志愿者深入实地调查，提出治理乱扔垃圾、随地吐痰、争抢拥挤等顽症陋习的有效办法，引导人们养成文明礼貌的行为习惯。

二是开展赛场文明志愿服务行动。以奥运会主办协办城市和大中城市为重点，围绕奥运项目测试赛、全国足球联赛等大型体育赛事，充分发挥志愿者的作用，引导观众友善、热情、懂行观赛，争创文明赛场。组织具有专业知识的志愿者，传授体育竞赛项目知识，有针对性地培养项目运动爱好者。组织“绿色拉拉队”、“文明球迷协会”，以赛场口号、歌曲标语、道具为元素，形成和谐、热烈的赛场氛围。成立赛场志愿服务队，引导观众文明观看赛事、理智对待输赢，纠正起哄、喝倒彩、损害公物、乱扔垃圾、赛场吸烟等不文明现象，参与维护赛场治安秩序，建设和谐安全的赛场环境。围绕服务奥运赛事，加强对志愿者的培训，使他们了解和掌握赛事常识和各国风土人情、传统文化、礼仪规范、应急救助等方面的基本知识，在接待、咨询、联络、翻译等方面提供优质志愿服务。配合奥运火炬传递和开闭幕式等重点活动提供志愿服务，组织志愿者维护沿途地区和场馆周边的秩序。培训和壮大体育健身志愿辅导员队伍，带动群众积极参与“全民健身与奥运同行”活动，促进群众体育大发展。

三是开展窗口行业志愿服务行动。旅游、商务、金融、铁路、交通、民航、卫生、市政公用、通信等公共服务行业和边检、海关、检验检疫等涉外窗口行业，要深入开展职业道德、服务规范、岗位技能、奥运及残奥知识、外语和手语、应急处置、防灾避险、自救互助等方面的教育培训，引导职工在立足岗位、做好本职工作的同时，积极发挥职业技能优势，为成功举办奥运会提供多样化、专业化的志愿服务。海关口岸、机场车站、港口码头、旅游景区管理部门，要组织志愿者大力宣传《中国公民出（国）境旅游文明行为指南》和《中国公民国内旅游文明行为公约》，使公民在旅游中受到教育、引导和熏陶，处处展示中国公民的文明素质。

四是开展平安奥运志愿服务行动。加强奥运安全公益宣传，引导广大群众关注奥运安全、维护奥运安全、为奥运会营造平安祥和的社会和赛场氛围。组织志愿者配合职能部门开展法制教育和安全提示活动，帮助中外人士了解社会治安、道路交通、出入境管理、公共场所、体育场馆安全管理等方面的法律法规知识，普及公共安全防范知识。动员各类志愿人员积极参加社会治安综合治理，完善群防群治网络，排查和调处矛盾纠纷，防范和打击违法犯罪行为，维护社会稳定。组织法律、教育、医务等方面的专家志愿者，针对困难群众和特殊群体，开展法律援助、精神关怀、心理疏导等工作，帮助他们解决精神心理问题，让他们切实感受到社会的关爱和温暖，保持积极健康的心态。

五是开展改善城乡环境志愿服务行动。开展“治污染脏乱、创生态文明”志愿宣传活动，引导广大公民提高环境道德素养，积极参加绿化美化和环保实践活动。组织各地青年志愿者广泛开展节能减排“绿手帕行动”，普及节能环保知识。组织市民开展城市建设巡访活动，查找城市基础设施建设和管理方面存在的问题，提出意见、建议，促进城市建设和管理水平提升，增强城市运行保障能力。组织志愿者参加清洁城乡义务劳动，清除公共场所、场馆周边、背街小巷、公共厕所、房顶阳台和城乡结合部的卫生死角，共同创造整洁优美的城乡环境。

○●2008年8月22日，中国选手张怡宁、王楠、郭跃在领奖台上。当日，张怡宁、王楠、郭跃在北京奥运会乒乓球女子单打决赛中分获金、银、铜牌。

六是开展文明交通志愿服务行动。组织志愿者开展交通文明礼让、遵章守纪宣传活动，引导机动车驾驶人做到守法、自律、谨慎驾驶，行人和非机动车驾驶人做到遵守交通信号、各行其道，乘客做到有序、文明乘车，交通执法人员做到科学管理、文明执法，缓解城市交通拥堵。组织志愿者开展交通协管活动，纠正各种不文明交通行为，创造安全、畅通的交通环境。

迎奥运讲文明树新风志愿服务行动分四阶段进行

阶段	主要工作
第一阶段	2008年2~3月，各地普遍行动，工作逐步铺开。发出《关于深入开展“迎奥运讲文明树新风志愿服务行动”的实施方案》，对活动进行全面部署。成立“迎奥运讲文明树新风志愿服务行动”活动组委会（以下简称组委会），统筹规划、指导协调和检查落实各项工作安排。中宣部常务副部长、中央文明办主任吉炳轩同志担任组委会主任，组委会下设办公室（在中央文明办）。各省（区、市）成立相应机构，负责组织本地区活动开展。3月5日“学雷锋纪念日”（“中国青年志愿者服务日”）起，正式启动六个重点项目。

续表

阶段	主要工作
第二阶段	2008年3~8月，深入实施项目，形成活动热潮。适时，召开6个奥运主办、协办城市及其所在省份山东、辽宁、河北等省和首批全国文明城市文明办负责人会议，专题研究部署工作，提出明确要求；并组织到北京、上海现场观摩学习志愿服务工作经验，增强能力，提高水平，率先兴起志愿服务热潮。指导铁路、交通、民航、卫生、海关、旅游等重点窗口行业和11个全国文明风景旅游区建立志愿服务队，立足岗位，开展形式多样的迎奥运志愿服务活动。6~7月底，组织指导检查。中央文明办领导和有关部门负责人带队，组成指导组，分别到部分地区（重点是6个主办协办城市、首批全国文明城市、首批全国文明风景旅游区和与奥运紧密相关的窗口服务行业）检查指导志愿服务工作，帮助查找不足，改进工作。
第三阶段	北京奥运会和残奥会举办期间，兴起志愿服务活动高潮。8~9月，北京奥运会、残奥会举办期间，配合北京奥组委统一安排，为北京和其他分赛场各奥运赛场提供全面的志愿服务，促进各项赛事顺利进行。推动各地各部门普遍开展“当好东道主、热情迎嘉宾”志愿服务行动，发动志愿者积极参与维护公共秩序行动，充分展示中国志愿者风采，展现中国人民奉献奥运的精神风貌，把“迎奥运、讲文明、树新风”活动推向高潮，为成功举办奥运会和残奥会作出贡献。
第四阶段	北京奥运会、残奥会结束后，总结经验，表彰先进，推动志愿服务活动深入发展。召开“迎奥运讲文明树新风志愿服务行动”经验交流暨表彰大会，表彰1000名优秀志愿者、100支优秀志愿服务队；着眼于建立长效工作机制，完善志愿服务体系，部署下一步工作，推动志愿服务活动广泛深入持久地开展下去。

“人文奥运”大事记

时间	事件	意义
2002.7.13	《北京奥运行动规划》正式公布实施	提出了“新北京、新奥运”两大主题和“绿色奥运，科技奥运，人文奥运”三大理念
2003.4.15	第一届北京奥运歌曲征集活动开始	活动将历时5年，每年评出十首“奥运歌曲”，作为2008年奥运会主题歌入围候选歌曲
2003.8.3	第29届奥运会会徽“中国印·舞动的北京”发布仪式在北京天坛祈年殿举行	会徽表达了2008年奥运会的主题

续表

时间	事件	意义
2003.9.21~29	北京举行第一届“北京2008”奥林匹克文化节	
2004.7.13	北京2008年残疾人奥运会会徽“天地人”发布仪式在北京中华世纪坛举行	与奥运会会徽相得益彰，突出了“人文奥运”理念
2005.6.26	北京奥组委宣布第29届奥运会主题口号是：“同一个世界、同一个梦想”	主题口号大型景观标识落足八达岭长城，将中华古老文明融入奥林匹克精神
2005.11.11	第29届奥运会吉祥物在北京公布	五个形象为鱼、熊猫、奥运圣火、藏羚羊、京燕的福娃，名字分别是贝贝、晶晶、欢欢、迎迎、妮妮，即“北京欢迎你”
2006.8.7	北京奥组委发布了第29届奥运会体育图标	35个图标以篆字笔画为基本形式，融合中国古代甲骨文、金文等文字的象形意趣和现代图形的简化特征，符合体育图标易识别、易记忆、易使用的要求
2007.1.19	“志愿中国·人文奥运”主题活动暨京外地区赛会志愿者招募启动仪式	京外赛会志愿者招募工作将把志愿者参加主题活动的情况作为一个重要的选拔依据
2007.1.21	第四届北京2008年奥运会歌曲征集评选活动启动	北京奥运会开幕式前的最后一次奥运歌曲征集活动
2007.2.11	北京启动“排队日”	确定每月11日为自觉排队日，为奥运创文明环境
2007.3.25	中宣部等六部门下发通知：举办迎奥运讲文明树新风公益广告征集比赛	发挥公益广告在传播奥运精神、倡导社会新风中的重要作用
2007.6.23~7.15	第五届北京2008奥林匹克文化节	深入配合“迎奥运、讲文明、树新风”活动，将体育与文化紧密结合
2007.8.8	北京奥运会倒计时一周年庆祝活动上，百名歌手一起演唱《我们准备好了》	国际奥委会主席罗格出席庆祝活动并向各国和地区奥委会发出北京奥运会邀请函

续表

时间	事件	意义
2008.4.28	“你我同心——庆祝北京奥运会倒计时100天长城承诺活动”	
2008.6.4	“奥运加油，中国加油”文明手势推广活动启动	成为奥运会期间各国运动员和观众沟通的大众语言、不同国家民族和人民友谊的桥梁
2008.7.10	“当好东道主，热情迎嘉宾”誓师动员大会	文明乘车监督员代表发出“服务奥运，文明出行”的倡议
2008.7.14	“文明观赛微笑承诺”活动启动	营造“迎奥运，讲文明，树新风”的社会氛围，配合《奥运场馆观赛规则》的实施和推广
2008.7.16~9.17	“我为奥运祝福、我为奥运添彩、我为奥运加油”网上签名寄语现场活动	活动首次向社会发布了《你我同心》主题歌曲和带有浓郁文化色彩的“同心结”

奥运会会徽

“中国印·舞动的北京”是一座奥林匹克里程碑。它是用中华民族精神镌刻、古老文明意蕴书写、华夏子孙品格铸就出的一首奥林匹克史诗中的经典华章；它简洁而深刻，展示着一个城市的演进与发展；它凝重而浪漫，体现着一个民族的思想与情怀。

2008北京奥运会十大人性亮点

最昂贵的金牌：文明！

“金牌”绝不只是象征着人类最高等级的奥运金牌，北京奥运会从“绿色奥运、科技奥运、人文奥运”

○●2008年8月8日，天津市近万市民自发聚集在金街，共同见证奥运开幕式的精彩时刻。当晚8时，第29届夏季奥林匹克运动会在国家体育场——“鸟巢”隆重开幕。

的先进理念，到“同一个世界、同一个梦想”的美好主题，中国所要展示的不仅仅是30年改革开放后的经济实力、物质条件，还有精神风貌、发展理念、文明素养，所幸的是“文明观赛事，理智对输赢”已经成为北京奥运观众的普遍共识，并由此博得了海内外的广泛好评。

最人性的安慰：别哭！

“杜丽别哭！”杜丽在祖国人民的声声宽慰中没有跌倒，终于在经历了“黑色四天”之后再度“一鸣夺金”；“朱启南别哭！”朱启南为获银牌落泪，可观众却回以“你是英雄！”这在20年前几乎是无法想象的，当年李宁从汉城奥运失利回国时，迎接他的是成捆指责、咒骂的信件。这说明中国在竞技体育前进的同时，观众的心态和视野也已发生了很大的改变。

最高尚的境界：宽容！

“宽容”是美德，是泱泱大国民众应具有的气度，而“不以成败论英雄”，努力了“虽败犹荣”已成了人们对失败者的普遍心态，这是一种历史性的大进步，对冠军的赞美无可厚非，而对失败的宽容更显得弥足珍贵，在接下来的赛事中，更应以平常心理智看待输赢，在为胜利者摇旗呐喊、欢呼雀跃的同时，也要给失利者以足够的宽容、热烈的掌声。

最神奇的力量：加油！

“加油，中国加油！”在“鸟巢”、“水立方”、“五棵松”体育馆，以及其他所有体育场馆，到处都能听到这种愉悦的口号。这是来自看台、来自观众、来自“拉拉队”的鼓劲与助威，选手们每一次起跳、每一个扣篮、每一回举起，无论他是否具有夺牌实力，“加油，中国加油！”的喊声都会响彻云霄，这就是北京奥运赛场的氛围，热烈而朴实。

最震撼的呼唤：挺住！

“汶川挺住！”在灾难中我喊挺住，给灾区人民以信心和力量，同样，在赛场上我喊“刘翔挺住！”“姚明挺住！”给他们的是勇气和尊严。比赛中，意外、受伤或失败，乃“兵家”常事，世上没有“常胜将军”，况且奥运的魅力不单单在于运动员超越极限、达到巅峰，更乐见他们在失败和低谷中跨越自我，振作精神，在人生的游戏中“勇敢而大胆地往前走”！

最温馨的称呼：英雄！

冠军是“英雄”，亚军、季军是“英雄”，而那些在竞技场上敢于拼搏、冲锋陷阵的勇士，尽了力、流了汗的选手，虽未拿下“真金白银”，同样还是“英雄”，因为竞技体育的魅力就在于它的巨大变数和不确定性，奥运的精髓不是为了获胜，而是使人类变得更勇敢、更健壮、更谨慎和更落落大方，这才是奥林匹克运动创史人顾拜旦思想的精髓所在。

最骄人的进步：突破！

“突破”与金牌不可相提并论，许多突破是由金牌实现的，仲满削下男子击剑金牌打破了中国乃至亚洲“零纪录”令人自豪，而张琳摘取的男子400米自由泳银牌填补了中国“零空白”同样让人震撼。金牌是同别人相比得来的，而突破则是靠不断挑战自我、超越自我实现的，突破比金牌更加契合“更快、更高、更强”的奥运精神。

最美好的祈福：和平！

北京奥运会献给世界的一个字是“和”，中美女排比赛被冠以“和平大战”，交战中的俄格两国女射击手同登领奖台的拥吻被称为“和平之吻”，这里的“和”字概括了中国传统文化的核心理念与根本精神，这里的“和平”“战”与“吻”真实地表达了中国人民、各国运动员对世界和平的美好向往。

最无私的奉献：志愿！

“感谢成千上万、无私奉献的志愿者们。没有他们，这一切都不可能实现。”这是国际奥委会主席罗格在北京奥运开幕式上对中国所作的评价。的确，北京奥运志愿服务者人数为世界奥运史之最，达到170万人，正是这些人以真诚的微笑、周到的服务、无私奉献的热情，让人们尽情享受奥运会的欢乐。

最质朴的评价：满意！

国际奥委会官员吉尔伯特·费利连续用五个“满意”，高度评价已经进行了1/3的北京奥运会，北京奥运村实现赛程过半“零投诉”，媒体所到之处听到的赞扬还是“满意”、“很好”、“了不起”，这既是对我们的赞扬，更是对我们的激励，在接下来的“收官之战”中，我们更应以高昂的士气、百倍的热情，誓把“满意”进行到底，最终为让世界满意而努力。

绿色奥运

环境与人类生存之间的和谐统一

2008
中国年谱
奥运你好

政府提出30项绿色奥运行动承诺

“绿色奥运”是北京2008年奥运会的三大主题之一，体现了中国两千多年以来的哲学思想的精髓，即环境与人类生存之间的和谐统一。“绿色奥运”的主题贯穿在筹备和举办奥运会的全过程。“绿色奥运”主要内涵是大幅度提高首都环境质量，建设生态良好的城市，为奥运会创造优美环境；用保护环境、保护资源、保护生态平衡的可持续发展思想筹备和举办奥运会，将奥运会对环境的影响降至最低；在奥运会的筹办和举办过程中开展环境保护宣传教育活动，不断增强全社会的环保意识，鼓励公众积极参与各项改善生态环境的活动。

申奥时，北京曾向世界作出了七项绿化承诺。到2007年，这些目标已经全部实现：全市的林木绿化率达到了51.6%；山区林木绿化率达到了70.49%；“五河十路”两侧建成了2.5万公顷的绿化带；城市绿化隔离地区建成了1.26万公顷林木绿地；三道绿色生态屏障基本形成；城市中心区绿化覆盖率达到43%；自然保护区面积达到了全市国土面积的8.18%。

7年前北京向世界郑重承诺，“绿色奥运”作为北京奥运会的三大理念之一，将贯穿赛前、赛中与赛后。“筹备奥运会期间，按‘绿色’方式办事，减少筹备奥运对环境的影响；促进城市的环保，促进城市的可持续发展。”北京奥组委副主席刘敬民对绿色奥运的理解，深入浅出。北京2008年奥运会申办委员会与全市人民一道，通过申办和举办奥运会，加快北京市环境保护规划的实施，带动全市城市基础设施建设，改善市民的居住生活条件，促进城市经济和社会的发展。为此，北京市奥申委于2000年8月31日制定实施了《绿色奥运行动计划》。

《绿色奥运行动计划》提出，绿色奥运行动计划的目标和任务是：（一）环境质量目标：北京市人民政府正在组织落实1998~2002年《北京市环境污染防治目标和对策》，市环境保护局已拟订了《北京市2003~2007年环境保护规划纲要（草案）》，全市人民以饱满的热情关注和参与环境保护工作，环境质量不断得到改善。随着规划措施的贯彻实施和全市人民的共同努力，到2008年，城市环境质量将进一步改善，污染物排放总量持续削减，城市基础设施基本完善，市区环境质量按功能区划达到国家标准，全市生态环境状况明显好转，社会、经济、环境健康协调发展。市区作为拟举办奥运赛事的重点地区，到2008年，市区大气环境中各项环境监测指标达到国家空气质量标准，多数指标达到发达国家城市的水平；市区河湖按水质功能达到国家地表水环境质量标准；环境噪声等其他设定了国家环境质量标准的环境要素，也要达到国家环境质量标准。其中，2008年7~8月，全市环境质量将全面符合举办奥运盛会的要求。（二）主要环境保护任务：市区除部分电站锅炉、部分大型集中供热锅炉燃煤外，其他燃烧设施一律使用清洁能源；城市自来水供应充足、达标；市区城市污水集中处理率和城市生活垃圾无害化处理率均达到90%以上；不断扩大绿化面积、水土流失治理面积和自然保护区面积；削减工业污染物排放总量，调整、搬迁市区工业企业；通过改善能源结构、节约能源、提高能源利用效率、绿化、改变农业种植结构等措施，削减温室气体排放。（三）相关环境管理工作：完善地方环境法规、标准体系，依法行政；完善以环境影响评价、排污收费和申报登记与排污许可证制度为主体的环境管理体制；完善公众参与环境保护机制；建立奥运环境管理制度。

在《绿色奥运行动计划》中，北京市政府提出了30项承诺，其中包括：第二条陕京天然气长输管线、天然气市内管网扩建、调峰地下储气库等工程，引进国外天然气或液化天然气，2007年燃用天然气40亿~50亿立方米；继续对全市燃煤锅炉进行改造，全面淘汰市区中小型燃煤锅炉；完成高碑店热电厂供热管网等集中供热工程，市区集中供热面积超过民用建筑总量的50%；到2007年，90%的公交车、70%的出租车将成为清洁能源车，按规划建成292座车用液化石油气和天然气加气站；完成地铁5号线、八通线，以及由东直门经望京、北苑、清河至西直门的城市快速客运轨道交通；继续发展公交优先运营体系，拓展新的公交线路，在有条件的道路增加公交专用道，建设一批公交换乘枢纽；2004年开始执行相当于欧洲2号标准的轻型车排气污染物排放标准，逐步与国际水平接轨，减少机动车排气污染物排放；加强密云水库上游地区的水土保持和水源保护林建设工作，加强库区富营养化污染物和农药的排放控制，继续保持水库水质清洁；实施官厅水库清淤及水质改善工程，使水质逐步恢复到饮用水源的水质要求；调整农业产业结构，大幅度减少稻田种植面积，节约农业用水，推广“留茬免耕”；继续整治城市河湖水系，完善城市污水管网和污水处理系统；建成年处理能力约1万吨的危险废物集中处理设施，包括建设两处市区医疗废物集中处理处置场所和放射性废物库。进一步加强工业固体废物的综合利用工作；进一步推行城市生活垃圾减量化、资源化、无害化政策，完善垃圾源头削减、分类收集、综合利用系统，继续建设和完善城市生活垃圾处理设施；在工业达标排放的基础上，对工业企业实行污染物排放申报登记和许可证制度，使全市的工业污染物的排放总量逐步削减。继续关停一批排污量大、耗能高、浪费资源的企业；进一步调整产业结构，搬迁四环路内200家以上工业企业。东南郊部分工业企业停产或搬迁；进一步加强城市绿化，采取拆违建绿、拆墙透绿、立体绿化、透气砖铺装等措施，基本消除裸露地面，使规划市区绿化覆盖率达到40%以上；继续加强天然林保护，扩大风沙危害区人工造林面积，新增林地13万公顷，裸露沙地和水土流失面积基本全部得到综合治理，全市林木覆盖率接近50%；进一步丰富本市的生物多样性，贯彻落实有关法律、法规，加强自然保护区以及湿地、森林、鸟类栖息地等重点保护区域的管理与建设，加强珍稀野生动植物的保护和繁育工作。自然保护区面积不低于全市国土面积的8%；制订并实施淘汰臭氧层消耗物质行动计划，2005年之前提前实现淘汰目标；奥运场馆设计采用适用环保技术，节约资源，利用无污染的或可再生材料制造有关器材和设施；绿色社区——倡导居民采取绿色生活方式，提高环境文明素养，将垃圾分类、废旧物品回收、绿化、节水、节能、节约资源等环保措施落实到社区居民的日常生活之中；绿色校园——绿化美化校园，普及中小学环境教育，鼓励中小学生走出校园参加环境保护公益活动，组织大学生参加社区环境宣传教育；绿色商业——不用或少用一次性筷子、餐盒等物品，不购买、不销售过度豪华包装的商品，不制作、不出售、不食用野生动物食品；绿色旅游——鼓励宾馆、酒店参加ISO环境管理体系认证，推广各种节约资源措施；绿色单位——开展“绿色庭院”活动，坚持“门前三包”，开展自我环保审计，注意节约资源；政府机关办公用纸推广使用再生纸；绿色企业——鼓励企业积极参加ISO环境管理体系认证，继续开展清洁生产活动，大力提高企业环境管理水平，削减污染物排放；绿色使者——聘请社会著名人士和各界代表担任“绿色奥运公益大使”，监督绿色奥运行动计划的实施，宣传绿色奥运行动；继续开展“爱鸟周”和“保护野生动物宣传月”活动，提倡不捕、不养野生鸟兽，鼓励举报鸟市、鱼市、饭店和其他野生动物利用单位的非法经营行为；继续开展在公共场合禁止吸烟的活动，创建无烟中小学、无烟大街、无烟社区、无烟家庭，公共场所和媒体拒绝烟草广告；广播、电视、报纸等媒体继续开办环境保护栏目，北京奥运网站开办绿色奥运栏目，链接环境保护网站。

2002年3月，北京市人民政府和第29届奥运会组委会在京举行新闻发布会，正式公布《北京奥运行动规划》。《北京奥运行动规划》由一个总体规划、九个专项规划组成。其中第三部分，专门就环境问题作了具体部署。行动规划提出，以防治大气污染和保护饮用水源为重点，通过调整经济结构、增加优质清洁能源、严格污染物排放标准、强化生态保护与建设等措施，实现城市环境质量和生态状况的显著改善。到2008年，市区大气中二氧化硫、二氧化氮、臭氧指标达到世界卫生组织指导值的要求，颗粒物浓度达到发达国家大城市水平，满足承办奥运会的需要。主要包括防治煤烟型污染；防治机动车排气污染物污染；防治城市地区扬尘污染；防治工业污染；保护饮用水源；防治水污染；加强固体废物管理；防治噪声、电磁辐射、放射性污染。

在防治环境污染、完善城市基础设施的基础上，以造林绿化、合理利用水资源、建设生态农业为重点，加快构筑良好的首都生态基础。到2008年，实现青山、碧水、绿地、蓝天和建成生态城市的目标。主要包括建设首都绿色生态屏障；推进城市绿化美化；防沙治沙，防治水土流失；合理利用水资源；加强重点区域的生态保护和建设；加强生态农业建设；全面整治城市环境；提升市民生态文明素养，倡导公众选择绿色消费。

使用新的环境管理模式

自20世纪90年代以来，环境被国际奥委会确定为与体育和文化并列的第三个支柱，国际奥委会制定了《奥林匹克运动21世纪议程》，用于指导奥林匹克运动的环境保护工作。2004年4月7日，北京奥组委发布《北京奥组委环境管理体系环境方针》（以下简称《方针》）。这标志着北京奥组委在今后举办、筹办奥运会的过程中，将按照该环境方针，充分体现“绿色奥运”的理念。

在《方针》中，北京奥组委承诺，在筹备和举办奥运会和残奥会的过程中：要用保护环境、保护资源、保护生态平衡的可持续发展思想，指导运动会的工程建设、市场开发、采购、物流、住宿、餐饮及大型活动等，尽可能减少对环境和生态系统的负面影响。要积极支持政府加强环境保护市政基础设施建设，改善城市的生态环境，促进经济、社会和环境的持续协调发展。要充分利用奥林匹克运动的广泛影响，开展环境保护宣传教育，促进公众参与环境保护工作，提高全民的环境意识。要在奥运会结束后，为北京、中国和世界体育留下一份丰厚的环境保护遗产：奥运会绿色建筑示范工程；举办大型运动会新的环境管理模式；公众积极参与环保工作的机制；北京环境的持续改善。

为确保实现上述承诺，北京奥组委将严格遵守国家和北京市的环境保护法规和标准；使用新的环境管理模式，达到更高的环保要求；动员所有参与奥林匹克运动的人员以及公众行动起来，实践绿色奥运的理念。按照ISO14001原则建立北京奥组委环境管理体系。每年公开发布“绿色奥运”工作进展情况，介绍工作成果。

生态环境专项规划征求“全球意见”

在北京市人民政府和第29届奥运会组委会2002年3月公布的《北京奥运行动规划》（以下简称《规划》）中，生态环境建设占了重要位置，充分体现了“绿色奥运”的理念。2002年9月6日，《规划》的第一个专项规划——生态环境保护专项规划征求意见稿，由北京市人民政府和第29届奥运会组委会发布，面向海内外征集意见。这是北京为实现“绿色奥运”目标而制定的行动计划。

生态环境保护专项规划征求意见稿指出，到2008年，在环京津地区整体生态状况明显改善的情况下，北京全市大气污染物主要指标达到国家标准。为实现上述目标，北京市将大幅度减少燃煤量，2007年全市耗煤总量由2001年的2600多万吨减少到1500万吨以下，其中市区燃煤量由2001年的1600万吨减少到800万吨左右，且全部使用低硫优质煤。同时要增加天然气的供应量、完成相关配电工程和电厂改用燃气项目、大力发展可再生能源、防治机动车污染等。

在城市绿化美化方面，《规划》提出的目标是，到2007年，全市绿化覆盖率达到45%。搞好城市干道、街巷和水系的绿化，高标准完成市区255条主要大街的绿化改造，广泛进行立体绿化；增加市区水面，营造水面景观；建设好市区中心大面积公共绿地（公园），建成50块1万平方米以上以乔木为主的大型绿地；完善郊区卫星城和33个中心镇绿化体系。2005年之前，基本消除本地沙尘危害，完成“三河两滩”五大风沙危害区的治理。2007年基本完成潜在沙化土地的治理，积极配合国家有关部门开展首都生态圈建设和防沙治沙工作。最大限度地保存地表和地下水库的清洁水源，最大限度地利用降水和再生水源，是今后7年的重要任务之一。《规划》强调加强重点区域的生态保护和建设。保护密云水库等重点生态功能保护区，防止生态破坏和生态功能退化。

《规划》还要求，对水、土地、森林、草场、生物物种和旅游等重点资源开发

区实施强制性保护；在地下水严重超采区和生态系统脆弱地区划定禁采区、禁垦区和禁伐区；重视保护现有湿地生态系统，在适宜地区建设人工湿地；加强自然保护区建设，重视生物多样性保护，保护自然生态系统、野生动植物和基因资源。

规划指出，北京市将对固体废物、声环境、电磁辐射和放射性环境进行治理。到2005年，市区和卫星城市生活垃圾全部进行无害化处理，资源化率达到30%，分类收集率达到50%。工业固体废物综合利用率达到80%，危险废物全部安全处理处置。到2008年，城市建成区噪声基本达到国家标准。电磁辐射和放射性环境继续符合国家标准。

生态环境保护主要指标

指标	工作部署
大气环境	到2008年，在环京津地区整体生态状况明显改善的条件下，全市大气污染物主要指标达到国家标准。其中，2008年奥运会举办期间，市区大气中二氧化硫、二氧化氮、臭氧指标达到世界卫生组织指导值的要求，把北京奥运会办成一个在环境保护方面作出突出贡献的绿色奥运盛会。
水环境	到2008年，结合流域水资源合理利用和水污染防治工作，密云、怀柔水库水质继续符合相应国家标准，官厅水库基本恢复饮用水源功能，城市饮用水水质继续符合世界卫生组织指导值的要求。市区和卫星城城市污水处理率（二级）达到90%，回用率力争达到50%。生态保护与建设。山区水土流失治理程度达到70%以上，风沙危害区沙荒地治理率达到100%。
工业污染	全市工业污染源在稳定达标排放的前提下，进一步削减污染物排放总量。固体废物、声环境、电磁辐射和放射性环境。到2008年，城市建成区噪声基本达到国家标准。电磁辐射和放射性环境继续符合国家标准。
环境污染防治	在规划期内，全市将围绕以控制颗粒物污染为重点的大气污染防治和以保护饮用水源为重点的水污染防治，开展环境综合整治，实现城市环境质量的迅速改善。
语言环境	以学好外文，用好、推广普通话和规范汉字为主要内容，扎实推进语言环境建设，为运动员、奥林匹克组织、来宾和观光者提供一流的语言服务。包括：外语学习和普及、普通话、规范汉字运用和推广、导向标识

续表

指标	工作部署
大气污染防治	主要措施包括煤烟型污染防治。提高优质能源比重，大幅度减少市区燃煤量；完成第二条天然气进京管线的建设，到2008年，天然气供应能力达到50亿立方米；完成计划中的相关输配电工程，积极由首都周边地区引进电力资源；大力发展可再生能源。机动车污染防治：继续实施公交优先战略，重点发展轨道交通（地铁、轻轨），加速完善城市公共交通体系；继续提高、完善北京市机动车排气污染物排放标准；采取措施加快老旧车辆淘汰，保证车辆总数增加情况下污染物排放总量减少；实行环保标志管理，根据车辆排放情况相应加强交通管理，继续强化检查维修制度，保证车用油品质量。扬尘污染防治：施工工地必须达到规定的环保标准，坚持行之有效的各项控制措施和管理制度，坚决控制施工扬尘。水污染防治：根据国家对海河流域的治理和管理要求，重点保护密云水库和相关地下水源，恢复官厅水库功能，并在建设城市污水处理系统过程中重视污水再生资源化工作，以补充环境用水、市政用水和生产用水；固体废物管理。继续推行固体废物减量化、资源化和无害化政策，按照循环经济思路加强废物管理；工业污染防治：基本策略是通过实施总量控制计划，贯彻全过程控制和循环经济的思想，调整产业结构和工业布局，强化企业内部环境管理，广泛推行先进生产技术，淘汰落后工艺并关停严重污染企业，继续深入开展污染防治特别是大气污染物无组织排放的控制。鼓励企业将循环经济理念贯彻到企业生产的各个环节，重点行业开展循环经济建设，建设1–2个生态工业园区；噪声、电磁辐射和放射性环境管理：合理进行城市和社区规划，加强城市交通、施工工地、社会生活噪声污染控制。建成辐射环境管理中心、放射性废物库，建立辐射环境监测网络与管理体系。
奥运建设生态环境保护	规划选址：比赛线路和场馆选址符合城市规划的体育和文化设施用地范围，避开水源保护区、自然保护区、野生动物保护区等环境敏感地区；清洁能源：场馆设计中充分利用自然采光、通风等技术手段；清洁交通：利用公共交通组织奥运交通，建设连接市区轨道交通系统的轨道交通；保护资源：节水、节能是奥运设施建设和活动组织中的必要原则，建设中将采用各种节水、节能建筑材料和设备；废物管理：限制一次性物品使用。场馆和有关商业、旅游设施内全部实行垃圾分类收集，并进行集中处理；绿化植树：建设总面积达7平方公里的奥林匹克森林公园，在比赛场馆周边建设大型节水型绿地，形成各自绿化风格和特色；绿色产品：部分辅助设施、材料和器具使用可再生材料，主要印刷品使用再生纸。建筑材料选择中进行产品生命周期环保评价；清洁技术：广泛推广使用清洁能源技术、燃料电池技术、现代化交通管理技术、新型建筑材料技术等。

"绿色奥运"专项行动指南相关文件

文件名称	发布时间	主要内容
奥运改扩建工程环保指南	2004年4月	1. 建筑节能：1）对既有建筑围护结构热工性能、现有能源系统及设备的使用年限和性能进行评估，以确定是否留用及改造规模。2）改扩建场馆外围护结构的热工性能指标宜满足公共建筑节能设计标准的要求。3）现有冷热源系统的设计能力及空调设备的设计功能（荷载）应能满足奥运比赛和场馆赛后利用的冷热负荷设计要求；4）对评估中不满足要求的能源形式和系统设备等进行改造设计，以节约能耗；新能源系统设计应尽可能考虑合理利用太阳能等可再生的清洁能源。减少人工照明能耗。2. 水系统：1）对不满足要求的水系统进行改造，尽量选用节水设备、器具和使用环保、可回收再利用的管材；2）采用先进技术设备实现污废水资源化。3）因地制宜净化回用或就地回渗。绿地的浇灌系统要充分节水。
奥运临建工程环保指南	2004年	一、临时看台、临时围挡物、临时房屋、围护结构应选用无污染、可回收、重复利用的材料进行建造；二、卫生间：1）临建场馆若具备给水和污水管网，可采用节水型厕所，产生污水排入末端建有污水处理系统的市政污水管网；2）不具备市政污水管网的临建场馆，临时厕所应选用成品型生态厕所。三、洗浴间、洗涤用品：1）洗浴间的空调冷凝水、洗浴污水得到充分的再利用；2）洗浴间提供的洗发液、洗浴液应设计（或置换）成固定容器重复灌装的形式，以减少包装袋（瓶）垃圾的产生量。四、建筑材料：1）奥运临建场馆设施建造前应制订临建材料的再利用方案，保证材料的回收再利用；2）鼓励使用含工业废渣、建筑废弃物制造的建筑材料；3）鼓励使用可再利用或可再生的建筑材料如金属材料、木材等。
北京奥运会餐饮服务环保指南	2004年	在保证食物质量的前提下，尽量采用能源消耗低，以及废气、废液和固体废弃物排放量少的餐饮加工工艺，最大限度地减少对资源的消耗和对环境的污染；禁止使用发泡塑料餐具和超薄塑料袋，必须使用的一次性餐盒应以可降解或可回收的材料制作；餐饮场所的装修改造应严格遵照规定执行；积极采用可再生能源；餐厅和厨房照明优先选用节能型灯具，减少用灯数量；合理安排夜间泛光照明和霓虹灯广告的开启时间，减少电的消耗；正确使用空调设施，夏季空调温度不宜低于26℃；积极推广使用节能型燃气灶、节能系列烟机等低耗电、低耗能炊事用具；

续表

文件名称	发布时间	主要内容
北京奥运会赞助商环保指南	2007年4月	对红酒、啤酒、白色家电、旅行社、汽车租赁公司、纺织品、互联网、矿物奖牌和牛奶在环保节约能源方面规定其在认定验收时做到如下三点：1）凡申请北京奥运会赞助商的供应企业，必须承诺严格执行国家或地方的有关节约资源、保护环境等法规、标准，达到本《指南》提出的各项要求。2）生产企业应根据《指南》的要求，建立组织、健全规章、制定计划，宣传、组织全体员工开展节约资源、环境污染防治等环保措施，在实施过程中，要不断检查、改进和完善。3）生产企业在申请认定验收时，需提交申请书，实施《指南》的自我评估报告（包括综合管理、节约资源、环境污染防治等方面的实施情况，所取得的经济效益、环境效益、社会效益，以及经验、尚存在的问题及改进计划），和市、或区县环保、节能、节水、市政、卫生等有关部门的达标证明及其相关资料。
北京奥运会合作伙伴环保指南	2007年4月	规定保险业、银行业、航空业和固定通讯业在节约能源方面做到：1）加强节约能源管理，对电灯、电器、空调、通风等耗电较大的设备制订并实行降低耗电量的措施。2）企业应制定并实施节水制度，保障有效的节约用水。规定保险业、银行业、航空业、固定通讯业、体育服装、轻型汽车和车用汽油七个行业在认定验收时做到以下三个要求：1）凡申请北京奥运会合作伙伴的公司，必须承诺严格执行国家或地方的有关节约资源、保护环境等法规、标准，达到本《指南》提出的各项要求。2）公司应根据《指南》的要求，建立组织、健全规章、制定计划，宣传、组织全体员工开展节约资源、环境污染防治等环保措施，在实施过程中，要不断检查、改进和完善。3）公司在申请认定验收时，需提交申请书，实施《指南》的自我评估报告。
北京奥运会火炬接力环保指南	2007年	火炬手环保行为指南：火炬手必须遵守火炬接力参与人员个人环保行为总则；要保管好火炬，避免火灾发生。 媒体人员环保行为指南：媒体人员必须遵守火炬接力参与人员个人环保行为总则；媒体人员在工作中，如拍摄等活动，不应对周边环境产生破坏行为，不以争抓拍镜头为目的而产生对场地的生态影响。 观众在火炬接力过程中的环保指南：观众应当遵守火炬接力参与人员个人环保行为总则；观众参加火炬接力集会，要遵守火炬接力组织者的各项要求，保持良好的秩序，在活动结束后要带走场地上垃圾物品；在整个活动过程中，观众应保护场地基础设施，不跨越活动范围。

北京奥运期间150多家重污染企业停产

奥运期间，冶金、建材、石化等重点企业和行业已制定了详细的奥运期间暂停生产和减排方案并做好奥运期间暂停准备。首钢总公司陆续停产了4号、2号高炉、4台烧结机及第三炼钢厂，已经完成压产400万吨钢铁的任务。北京东方化工厂已提前暂停生产；燕山水泥厂等27家水泥生产企业和西南地区106家采石和石灰生产企业已做好暂停准备；燕山石化公司大部分生产设备暂停运行；红冶钢厂、北新建材等18家冶金、建材重点污染企业中综合采取停运部分污染工序等措施，实现污染物减排30%。高井、京能、国华、华能四大燃煤电厂将实现奥运期间污染减排30%的目标。2008年 7月1日起，北京施工工地大部分的土石方工程和混凝土浇筑工程已陆续提前停工，7月20日将全部停工。

北京奥组委发出“少开一天车”倡议书

2007年6月5日是世界环境日，北京奥组委与温哥华奥组委、联合国环境规划署三方负责人共同签署了《2007“少开一天车”——六五环境日倡议书》，并于世界环境日当天在北京、温哥华两地共同发起2007年“少开一天车”活动。

倡议书号召大家行动起来，为首都多一个蓝天，为改善与自己息息相关的环境，贡献我们力所能及的力量。283人表示会放弃开车，采取乘坐公共交通、骑自行车或步行的方式出行。有78人明确表示，他们将一如既往地乘坐班车上下班。还有一些由于工作等各种不得已原因不能放弃开车的人员，都提出了替代方案，将在其他日子里停开车一天，并积极领取了活动宣传车贴。

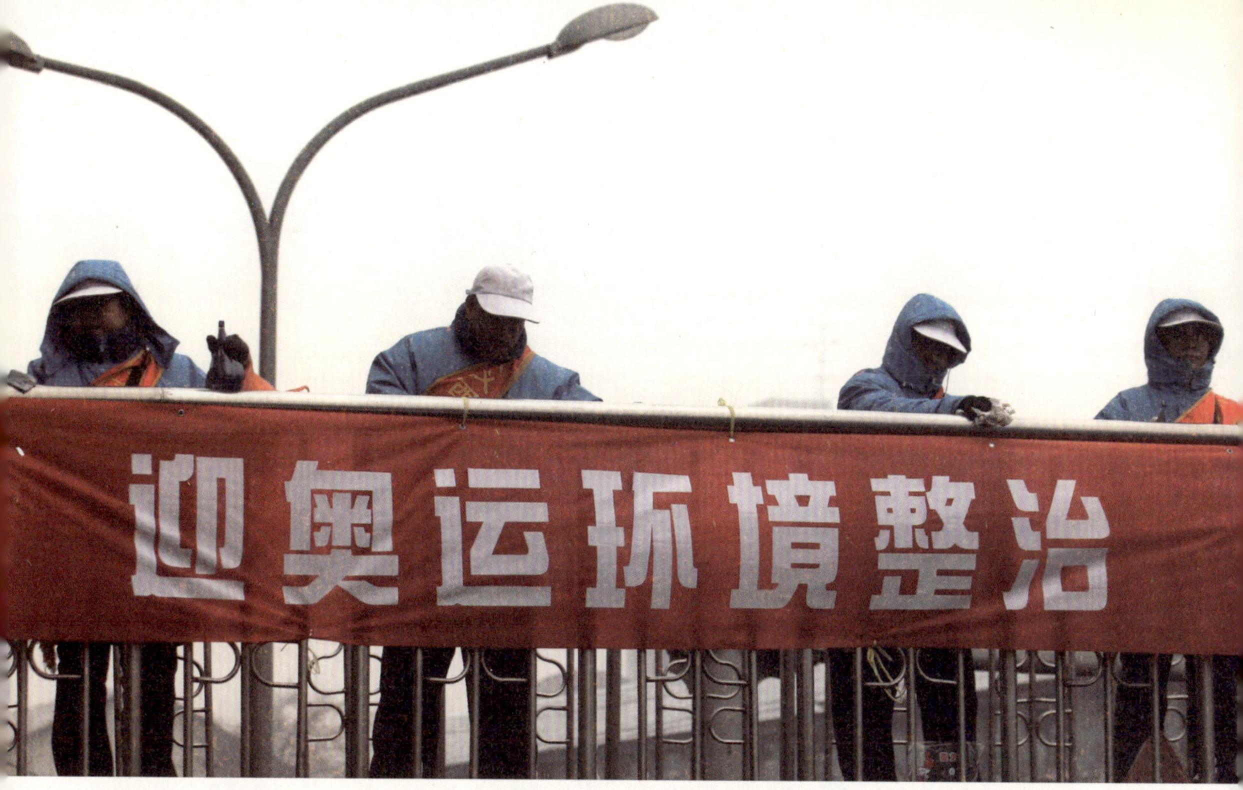

○●2006年2月28日，志愿者正在清洁北京的过街天桥。当日，首都军地干部群众参加了主题为“迎奥运环境改善日”的志愿者活动，对过街天桥、地下通道和沿街广告牌进行了全面清洁。

奥运百科 AOYUN BAIKE

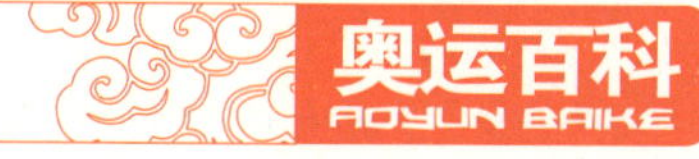

奥运会奖牌

北京2008年奥运会奖牌直径为70毫米，厚6毫米。奖牌正面为国际奥委会统一规定的图案——插上翅膀站立的希腊胜利女神和希腊潘纳辛纳科竞技场。奖牌背面镶嵌着取自中国古代龙纹玉璧造型的玉璧，背面正中的金属图形上镌刻着北京奥运会会徽。奖牌挂钩由中国传统玉双龙蒲纹璜演变而成。整个奖牌尊贵典雅，中国特色浓郁，既体现了对获胜者的礼赞，也形象地诠释了中华民族自古以来以“玉”比“德”的价值观，是中华文明与奥林匹克精神在北京奥运会形象景观工程中的又一次“中西合璧”。

奥林匹克五环

奥林匹克五环标志是由皮埃尔·德·顾拜旦于1913年构思设计的，它是世界范围内最为人们广泛认知的奥林匹克运动会标志。五个不同颜色的圆环代表了参加现代奥林匹克运动会的五大洲——欧洲、亚洲、非洲、大洋洲和美洲。每一个参加奥林匹克运动会的国家都能在自己的国旗上找到至少一种五环的颜色。

一座伟大的历史丰碑——北京奥运会成功的启示

2008年8月27日，《人民日报》发表题为《一座伟大的历史丰碑》的“北京奥运会成功启示”系列评论文章指出，气势恢弘、精彩纷呈的北京奥运会落下帷幕。无论是对中华民族还是对奥林匹克运动，无论是横看世界还是纵观历史，北京奥运会都是一座伟大的丰碑。

北京奥运会，在奥林匹克史上写下了光辉的一页。100多个国家和地区的政要相聚北京，同台观看开、闭幕式。45亿不同肤色、不同语言、不同国家和地区的观众共同分享北京奥运会的快乐。来自204个国家和地区的1万多名运动员挑战极限、攀跃新高，刷新了38项世界纪录、85项奥运会纪录，多个国家和地区实现了奥运会金牌和奖牌零的突破，奏响了更快、更高、更强的奥运乐章。

北京奥运会，在中华民族历史上谱写了灿烂的新篇。百年奥运追梦，两度申奥努力，7年不懈筹办，奥林匹克精神在13亿人中得到广泛普及和弘扬，奥林匹克运动在中华大地结出丰硕果实。北京奥运会充分展示了中国人民的时代风采，充分展示了五千年中华文化的迷人魅力，使人们领悟到中华民族宽厚仁爱的胸怀和广纳万方的气概。中国体育健儿顽强拼搏，奋勇争先，以夺取51枚金牌、100枚奖牌的骄人成绩，登上了金牌榜首位，中国的体育事业实现了重大历史性突破。

北京奥运会，在中国发展的进程中竖起了新的界标。没有30年改革开放，就没有北京奥运会的成功。今天，中国能够把一届精彩的奥运盛会奉献给世界，能够以成熟、包容、开放、自信的心态拥抱世界，得益于30年改革开放积累的综合国力，得益于30年改革开放积淀的民族自信。被喻为“改革开放成年礼”的北京奥运会，成为中国迈向现代化新征程的又一个新起点。

北京奥运会的成功举办，是中国人民和世界各国人民共同努力的结果。我们不会忘记国际奥委会对北京的信任，不会忘记国际社会对中国的支持，不会忘记全国人民的热情参与，不会忘记170万名志愿者的无私奉献，不会忘记北京为举办一届有特色、高水平奥运盛会的艰辛付出。光荣属于北京，属于中国，属于国际奥林匹克大家庭；属于昨天，属于今天，更属于充满无限希望的明天。

一次伟大的盛会，必将留下丰富的遗产。北京奥运会的成功，已经并将继续为中国的发展进步注入巨大的活力，为世界的和平发展增添新的生机。

北京奥运会在圆满和精彩中谢幕，又在新的光荣和梦想中再出发，召唤着我们为幸福生活和美好未来而不懈奋斗。

科技奥运

节能降耗、可持续发展的典范

2008
中国年谱
奥运你好

奥运场馆科技样板

北京奥运期间，“鸟巢”、“水立方”等一批造型独特、充满想象力的奥运场馆日益成为举世瞩目的焦点。在科学发展观的统领下，众多的北京奥运场馆也成为节能降耗、坚持走可持续发展道路的典范。

科技与奥运的结合已成为现代奥运会的重要特征。科学技术与体育运动的结合，为世人奉献了一届届精彩纷呈的体育盛会，也丰富了人类社会的灿烂文明。北京在申办奥运会的过程中第一次提出了“科技奥运”理念，其主旨就是要以科学精神组织奥运，以先进技术支撑奥运，以奥运成果惠及社会。

2001年北京申奥成功后，国家科学技术部、北京市人民政府、第29届奥林匹克运动会组织委员会联合国家有关部门和科研院所，启动实施了“奥运科技（2008）行动计划”，成立了“行动计划”领导小组和奥科委，全面推进“科技奥运”建设。7年来，“科技奥运”建设围绕奥运需求，通过技术攻关、提供技术咨询、实施重大科技奥运专项等全面推进奥运筹备工作，同时有效带动了建筑、信息、新能源和环保等产业的发展。

“北京奥运会一定会成为奥运史上科技含量最高的一届。”全国政协副主席、科技部部长万钢说。科技，让北京奥运会攀上了新高峰。

高科技打造北京奥运会，落实“科技奥运”理念

火炬第一次登上珠穆朗玛峰，第一次通过无线方式成功实现媒体

照片即时拍摄，第一次在比赛现场屏幕与电视转播中同步实时显示中英文赛事信息……无数个“第一次”让我们感受到一个用高科技打造的北京奥运会，这也成为展示中国高新技术和创新实力的窗口和舞台。

在现代奥运会中，开闭幕式不断地以创新的表演形式和表演内容展现在世人面前。“科技奥运”建设重点实施了“大型体育活动开闭幕式分析和奥运科技专题研究”、“主火炬塔关键技术研究”等项目，显著提高了我国作为烟火发源地的整个行业技术水平和国际竞争能力。通过重点实施“珠穆朗玛峰环境下奥运传递火炬燃烧技术”攻关项目，解决了奥运火炬在珠穆朗玛峰极端环境下持续燃烧的难题，保证传递火炬首次登上珠穆朗玛峰，实现了中国对奥林匹克运动的独特贡献。

奥运赛事组织管理与信息技术联系紧密，可以确保奥运会信息环境安全畅通。通过实施“奥运会/残奥会信息系统开发”等技术集成开发和应用项目，使我国在奥运会赛事管理核心系统开发中占有一席之地。通过“中英文图示显示系统”项目的实施，使百年奥运史上第一次在比赛现场屏幕与电视转播中同步实时显示中英文赛事信息。

大量采用了先进的奥运场馆设计与施工新技术、新工艺和新产品，为实现奥运工程独特的设计和安全施工提供了重要技术支持。首次采用了“鸟巢”式新型建筑空间结构形式，多项技术堪称世界第一。“水立方”则是目前国际上建筑面积最大、功能要求最复杂的膜结构工程。

在竞技体育科技攻关方面，一批项目已经取得重要成果，这将为中国体育健儿在北京奥运会上再获佳绩提供科技支持。其中，“奥运会射击比赛用运动枪、弹研制”、“数字化三维人体运动的计算机仿真研究”等重点项目已经在近两年的国内外体育比赛中发挥了重大作用。

高科技实现节能减排目标，支撑“绿色奥运”理念

2008年7月11日，近500辆节能与新能源汽车交付使用。为实现奥林匹克中心区域交通“零排放”，中心区域周边地区及奥林匹克交通优先路线交通“低排放”目

标提供了保障。随着一系列清洁技术的开发与应用示范，为落实“绿色奥运”理念提供了全方位的科技支撑。

广泛应用绿色能源及高效节能技术，推进奥运工程节能减排。在7个奥运场馆和奥运工程建成太阳能光伏并网发电系统，总装机容量600多千瓦，年发电量70万千瓦时，相当于节约标煤170吨，减少二氧化碳排放570吨，同时利用太阳能可为90%的奥运场馆草坪灯、路灯提供照明，为奥运村提供全部生活热水供应。

奥运场馆（区）积极采用雨洪利用、中水回用、污水处理及再生利用等技术，将实现多年平均雨水综合利用率超过80%；所有场馆都采用了中水回用系统；奥运场馆采用集中与分散结合的污水处理方式，污水处理再生利用率达到100%，在国家游泳中心等重要场馆，建设了高水平的独立污水处理系统，年污水处理量可达99.7万吨。

按照国际通用排放清单的计算标准进行严格测算，北京奥运会通过综合应用多种科技奥运节能减排技术以及植树造林、交通控制等手段，可以减少二氧化碳排放124万—150万吨，能够基本平衡奥运会期间所增加的118万吨二氧化碳排放量。

高科技保障奥运安全，丰富“人文奥运”内涵

围绕提供服务与安全等方面的内容，联合组织技术攻关，为丰富“人文奥运”内涵提供科技支撑。

通过智能交通技术建立快捷、高效、安全的城市交通体系，成为“科技奥运”行动的重要组成部分。如“北京市智能交通规划及实施研究”等奥运交通车辆领域的重大项目成果丰硕，部分已投入运营。“气象精细化预报技术”可以在北京奥运会期间，为京津、青岛地区提供精细预报。

“数字奥运”工程的一系列项目研究取得了重要成果并已得到应用。如重点开展了“多语言综合信息服务网络系统”研究，基本实现了通过电话、互联网、移动设备、信息咨询台等多种方式为300多万名奥运会注册人员、国内外观

众和旅游者提供相关奥运赛事和城市服务的多语言综合信息服务；我国自主研发的第三代移动通信TD-SCDMA系统、IPv6网络接入、数字集群、信息亭等技术的开发，可满足众多运动员、奥运官员和记者，以及广大观众获取奥运比赛及城市服务信息的个性化需求等。这使“以人为本”的“人文奥运”内涵更加丰富。

“科技奥运”建设相关部门开展了大量的支持奥运安全保障方面的研究。通过实施“奥运体育场馆防火系统设计技术研究”，提出了奥运体育场馆火灾安全性能化评估方法。在食品安全生物有害因素的研究方面，研制出禽流感病毒荧光RT-PCR快速诊断试剂盒，并建立了水泡性口炎病毒、口蹄疫病毒、猪瘟病毒和猪水泡病病毒的实时荧光定量PCR检测技术。

○●2008年7月11日，北京公交公司的司乘人员在刚刚领到的锂离子电池纯电动客车前列队待发。当日，近500辆奥运节能与新能源汽车交付使用，其中包括纯电动客车、混合动力轿车、燃料电池客车和纯电动场地车，将在北京奥运会和残奥会期间进行示范运行。

2008年11月11日，2008年诺贝尔奖获得者北京论坛开幕。北京市副市长赵凤桐在开幕式上表示，今后北京将以推进科技奥运成果的转化和应用为契机，突出发展具有较强辐射力和带动力的研发产业和高技术服务业，让广大人民群众及时分享到科技创新带来的应用价值。

赵凤桐说，当前科学技术已经渗透到经济社会的各个领域，信息领域成为战略性产业。以信息技术应用和信息产业发展为核心，提升科技创新已经成为世界各国的共同选择。而作为中国智力资源最为丰富的城市，北京的技术创新已经成为推动当地经济社会发展的重要引擎。据了解，2007年研究实验经费支出占北京地区生产总值的5.6%，技术合同成交总额882.6亿元，科技对经济增长的贡献力达到了61.9%。

赵凤桐还表示，未来建设科技北京，要把自主创新能力作为调整产业结构转变发展方式的中心环节，加快创新型城市使科技创新成为推动首都科学发展的主要驱动力。首先是把中关村科技园区做优做强。将坚持引领创新的国际化发展方向，使首都的科技人才资源优势转化为创新优势和产业优势，把北京打造成为创新人才高度聚集，能够引领技术发展方向的具有国家影响力的科技创新中心和连接全球创新网络的重要节点。

其次是积极推进科技成果转化应用。将完善自主创新产品的政府采购、首购制度，突出发展具有较强辐射力和带动力的研发产业和高技术服务业。加快发展新能源、新材料、清洁技术等新型产业，引领创新成果更高速应用到经济社会发展的各个领域，让广大人民群众及时分享到科技创新带来的应用价值。

再次是进一步加大吸引和培养科技人才力度。进一步完善和落实人才引进政策，加快海外学院中心建设。落实和保护科研人员享有创新收益的权利，激发高端人才的创新积极性。

最后是着力促进技术与资本的有机结合。将加大制度创新和金融创新，探索设立科技创业银行，努力解决中小型企业融资难的问题，构建以创业风险为龙头，以多层次资本市场为基础，以信用担保体系为支撑，比较完善的投融资体系。

○●2008年8月23日，孟关良/杨文军（左）在男子双人划艇500米领奖台上。
当日，北京奥运会皮划艇静水男子双人划艇500米决赛在顺义奥林匹克水上公园举行，中国选手孟关良、杨文军以1分41秒025的成绩获得冠军，成功卫冕。

奥运场馆节能样板

北京奥运会实施了358个“绿色奥运”项目，包括新能源项目69项、建筑节能项目168项、水资源项目121项。奥运工程共建设了9个太阳能的热水系统。4个项目建设了地源热泵，3个项目建设了水源热泵，还有两个项目直接利用了地热。在200万平方米的奥运工程中，有26.7%的面积将使用可再生能源等绿色能源。168个建筑节能项目所节约的能源，相当于每年减少20万吨二氧化碳的排放。北京奥组委有关负责人表示，奥运场馆将会成为一笔宝贵的文化财富，同时，也将成为节能降耗、可持续发展的标志和样本。

国家会议中心：“天然大空调”

一个27万平方米的建筑开启空调后电表的数字得以多快的速度往上蹿？为了克服这一难题，国家会议中心进行了大胆的尝试。利用高大的结构空间，形成自然对流，从而降低空调的使用时间，达到节能的目的。

国家会议中心建筑东侧室外，是3个低于地面7米的下沉花园结构，共计约1200平方米，这个巨大的室内花园使得局部温度低于正常室温。同时在会议中心顶部设有天窗，利用上下空气的温差，将下沉式花园的新鲜冷空气经风道向上排出，形成自然对流，这样就为比赛场馆和各会议厅提供自然冷空气。

国家会议中心工程的承建方北京建工集团国家会议中心工程项目部技术人员表示，这样的设计将使得每年夏季的4个月时间内，国家会议中心可以不使用空调，形成了“天然大空调”，凸显奥运节能环保理念，每年节电达到38万度。

国家会议中心主体部分的屋顶呈现“双曲线”图形，四角微微上翘，好似中国传统建筑的屋檐，下方则形成一条向上拱起的弧线，形似拱桥。这样的设计不仅外形美观，而且面积多达6万平方米的屋面就成为雨水回收的绝佳工具。雨水通过屋顶的虹吸式排水系统排到建于场馆东、南、西三侧的9个雨水收集池，共计可收集雨水7000立方米。按照北京正常年降雨量计算，降雨能够基本满足国家会议中心清洁环境卫生和周边绿地、下沉花园的浇灌需求，每年节水费用达到18

万元。同时，为了防止雨水敲打金属屋顶形成噪声，干扰室内活动，会议中心主体屋顶由内向外采用穿孔铝板、吸音层、隔热层、防潮层、防水层、防雨层等多层复合结构，从而既保证馆内的噪声能够及时被吸纳，又避免了雨水敲击屋顶对馆内形成噪声干扰。

“鸟巢”：供水70%使用中水

“鸟巢”在设计上采取了自然通风，观众冷热舒适度是通过自然通风来解决的，这种设计建设费用同使用中央空调相比，节约2/3的费用和能源。“鸟巢”具有复杂的雨水排放系统，雨水被收集到地面以下的雨水收集池及城市雨水系统，这意味着仅仅是搜集雨水等就可以满足整个体育场50%的用水需求，节水作用巨大。“鸟巢”建有太阳能光伏发电系统，它可以辅助正常的电力供应；“鸟巢”拥有先进的地热采集系统，在冬天可以利用地下的热量给馆内取暖；同时，在夏天逆向工作，把地下的“凉气”送到馆内降温。

从设计之初，北京奥组委就对奥运场馆的雨水利用和中水回用提出了很高的要求。北京奥运会的主场馆国家体育场“鸟巢”就是一个很典型的节水工程。“鸟巢”70%的供水将使用中水，其中有很大一部分来自雨水。这些再次回收利用的水不仅可以用于比赛跑道的冲洗，还用于场馆的室外绿化。通过“鸟巢”的雨洪回用系统，可将建筑屋面、比赛场及周边地区2万多平方米的雨水收集起来，集中在总容积为1.2万立方米的水池中，经过石英砂过滤、超滤膜过滤和纳滤膜过滤三道处理工艺，对雨水进行深化处理，可以满足“鸟巢”至少50%的用水需求。

“水立方”：外覆薄膜多重环保功能

引人瞩目的“水立方”采用的是外覆薄膜结构，这种薄膜可根据天气的冷热变化扩张和收缩，有自我清洁、节能、隔热保温等功能；热回收技术在空调系统中的应用，国家游泳中心“水立方”节能10%。另外，“水立方”采用空腔内透光的照明方式，将是目前世界上最大的膜结构建筑的LED景观照明方案。采用单颗1W大功率LED光源，光源有长寿命、易集成、快响应、利环保、高节能、光分布易于控制、色彩丰富等特点。而如同蓝色气泡般的“水立方”，整体严格按绿色建筑标准设计，充分考虑了建筑节能、环保建材使用和水资源保护。

“水立方”采用了大量专门措施降低自来水消耗，减少废水排放。全年可收集雨水1万吨、洗浴废水7万吨、游泳池用水6万吨。建筑物所需的绿化、冷却塔补水、护城河补水、冲厕、冲洗地面等用水全部通过废水回用解决，每年可减少废水排放量14万吨。

○●随着北京奥运会的临近，奥运场馆“水立方”五颜六色的彩灯在夜色中交相辉映，令北京的夜晚更加迷人。

北京射击馆：生态型呼吸式遮阳幕墙

炎炎夏日里，当观众走进北京射击馆，立刻会感到丝丝凉意。这不是空调的作用，而是由于射击馆采用了生态型呼吸式遮阳幕墙，实现对建筑通风换气的全智能自动控制，使室内冬暖夏凉，极大地减少了空调制冷和取暖的耗能。所谓呼吸式幕墙，就是指在外层幕墙与楼面之间设置铝合金开窗，外侧幕墙上下两端分别设置了通风口。上面为进风口，下面为出风口。在双层幕墙之间安装温度感应装置，可以根据温度的变化，把冷风和热风与室内空气进行交换，实现自然通风对流。有了这层呼吸式幕墙，射击馆就像是被包在一个“保温膜”里，可以利用室外自然风调节室内温度。

奥林匹克水上公园：分质供水

场馆充分运用水循环处理系统，使得每一滴水在这里都得到了妥善的利用，保护了珍贵的水资源，实现了污水零排放。依据直饮水、生活用水、再生水等用水依据“高质高用、低质低用”的原则，实行分质供水，实现了节约能源的目标。

柔道馆：采光罩 光导管

北京奥运会柔道跆拳道比赛场馆特别装备有储存阳光的采光罩。每个气球似的采光罩里藏着将近150个口径达到53厘米的光导管。它能收集并储存室外的光线，通过有放大作用的漫射器将光线均匀地洒进场馆，从而实现采光“零耗能”。奥运工程共采用61项先进空气处理技术，涵盖了热回收空调、自然通风、室内空气节能处理与净化等；绿色节能照明技术48项；节能建筑围护结构38项；配电与智能控制节能21项；共计168项。诸多高科技应用于场馆的之中，取得了很好的节能效果，节约了能源降低温室气体排放，树立了节能工程典范。

青岛奥帆中心：演绎绿色节能典范

媒体中心制冷制热用“海水空调”：媒体中心成功引进、建设了海水源热泵空调系统。海水源热泵空调通过利用温度相对稳定的海水作为冷热源，为媒体中心提供制冷、供暖和生活热水所需冷热量。除使用少量的电能以外，其运行没有任何污染，是节约能源和改善城市大气环境的有效途径。与传统的电锅炉和燃煤锅炉供热方式相比，海水源热泵供热要节省1/3以上的能源。

太阳能系统一年节电90万度：在奥帆中心的奥运分村和陆域停船区之间的运动员中心，建筑设计者将国际上先进的板式集热器分别与弧形屋面相结合，利用太阳能为运动员中心300平方米的游泳池和洗浴提供热水。位于运动员中心东侧的后勤保障中心大楼则采用太阳能吸收式空调系统，成功实现了夏季制冷、冬季采暖和生活热水供给。奥帆中心采用这两套太阳能系统，一年至少节约用电90万度。

中国农业大学体育馆：采光无需辅助光源

阶梯状房顶高低错落，各层之间都是可以开合的玻璃天窗。无论是采光还是通风，都可以通过顶部400多个分层排列的天窗完成。不用借助辅助光源，馆内亮度已足够满足大多数活动的需要。

奥运百科 AOYUN BAIKE

残奥会会徽

北京2008年残奥会会徽以天、地、人和谐统一为主线，把中国的文字、书法和残疾人奥林匹克运动精神融为一体，集中体现了中国传统文化和现代奥林匹克运动精神，体现了“心智、身体、精神”和谐统一的残疾人奥林匹克运动精神，具有深厚的中国传统文化底蕴。

会徽图形部分，即由红、蓝、绿三色构成的“之”字形，以书法的笔触表现出一个运动的人形，仿佛一个向前跳跃的体操运动员，又如一个正在鞍马上凌空旋转的运动员，体现了运动的概念。“之”字有出生、生生不息之意，也有到达之意。其字形曲折，寓意历经坎坷最终达到目标获得成功。

一次空前的友谊盛会——北京奥运会成功的启示

2008年8月28日，《人民日报》发表题为《一次空前的友谊盛会》的“北京奥运会成功启示”系列评论文章称，“奥运会带来世界与中国前所未有的相互交流”。北京奥运会这个巨大的平台，使这种交流的广度和深度达到了空前的规模。中国与世界各国的相互了解在加深、交往合作在加强，这一切都有力地推动了和谐世界建设，使这个世界变得更加美好。

北京奥运会不仅是一个体育盛会，也是一次友谊的盛会。世界上不同国家、不同种族、不同宗教信仰的运动员、官员、观众、游客会聚中国，共同度过一段难忘的美好时光，其影响是其他任何世界性活动都无法比拟的。中国选手的优异表现，中国人民的热情善良，中国文化的博大精深，赛事组织工作的科学严密，环境、场馆、设施的优良品质，都给各国来宾和观众留下了深刻印象。一些曾经因为不了解而对中国存有偏见的人士，通过北京奥运会，看到了真实的中国，改变了原有的印象。外国友人不无感慨地说：“来到中国才知道中国是一个充满活力、欣欣向荣的社会。”“中国人慷慨、有组织、服从纪律和尊重他人。这里的每一条街道都诉说着中国的一些东西。你只要坐下来欣赏就足够了。”“奥运会变身多彩的橱窗和变幻莫测的舞台，向前来参加北京奥运会的运动员以及各国宾客极好地展现了中国生动的一面、现代的一面、开放的一面、多元的一面。相信奥运会过后，全世界可能将出现更多的中国迷，造就更多中国通，并掀起一股中国热。”

北京奥运会给世界一个了解中国的机会，也给中国一个了解世界的机会。各国运动员的精湛技艺、出色表现，尤其是菲尔普斯、博尔特的惊人成绩和美国男篮梦八队的精彩表演，给中国运动员树立了追赶的榜样，也让中国观众大开眼界。十几天的高水平竞赛，给中国人民带来了激情和欢乐，也使中国人民进一步加深了对奥林匹克精神的理解。中外观众和游客的接触交流，外国观众的文明素质和风趣表现，为中国人民和各国人民之间建立友谊、增进共识、加深理解都提供了良好契机。这对于我们进一步扩大开放，坚定不移地走向世界有着重要意义。

在世界多极化不可逆转、经济全球化深入发展、科技革命加速推进的世界大势下，国家与国家之间的相互了解，民族与民族之间的相互沟通，特别是各国人民之间的友好情谊，对于促进建设持久和平、共同繁荣的和谐世界，比以往任何时候都重要。

“世界给中国一个机会，中国还世界一个惊喜。”中国做到了。这个了不起的成功，赢得了世界的普遍赞誉，标志着奥林匹克运动进入了一个新的阶段，也标志着中国与世界的交往进入了一个新的境界。

“火炬逐渐熄灭，我们却从中看到了永恒。”一届奥运会是短暂的，但留下的精神遗产是永恒的，各国人民之间的友谊天长地久。

奥运场馆创新样板

奥运工程从设计到施工，向世界不断展示出亮点，为中国提供了广阔舞台。设计招标阶段设立保障机制，奠定奥运工程自主创新的体制基础；技术创新、材料创新层出不穷；技术标准填补国际国内空白，绽放自主创新之花……“科技奥运”理念贯穿奥运工程的各个领域。

北京为第29届奥运会修建了31个场馆，其中有12个是新建的。杰出的建筑师和工程师们将建筑的科技、艺术和环保三者合一，很多建筑科技水平都获得了新的飞跃。大规模钢结构建筑创新设计、建筑施工新技术与新材料等大量科技新成果打造出的诸多建筑精品，成为奉献给北京奥运的一份厚礼。这一座座集合了实用、科技、美观的现代化体育场馆，以其先进的技术、环保的理念、人文的关怀，牢牢锁定世人的目光。这些建筑精品将成为宝贵的奥运遗产，长久地矗立在北京的大地上。

○●2008年7月30日，一场大雨过后，夜色中的“鸟巢”更加多彩而宁静。当日晚间，北京突降大雨，“鸟巢”、“水立方”等奥运会比赛场馆在朦胧雨色中如梦如幻。

“鸟巢”：结构钢材全部自给

“鸟巢”结构设计奇特新颖，钢结构最大跨度达到343米。如果使用普通钢材，厚度至少要达到220毫米。这样一来，“鸟巢”钢材重量将超过8万吨。从工程的实际需求出发，低合金高强度的Q460是最好的选择。但是，以前这种钢只用在机械方面，国内也没有厂家生产，一般需要进口。从2004年9月开始，武钢的科研人员就开始着手研制Q460，经过反复科研攻关，2005年7月，为“鸟巢”准备的110毫米厚的Q460开始批量生产。400吨Q460，成为了“鸟巢”钢筋铁骨中最坚硬的一部分。同时，首钢、鞍钢等企业也接下了GJ345D、345C、420C等高强度钢材的生产订单。在奥运工程中，所有钢材全部实现国产。

在钢结构设计过程中，采用了大跨度结构温度场计算方法、焊接薄壁箱形构件设计方法、扭曲构件空间坐标表示法、CATIA三维设计软件等32项新技术，多数为国内外首创，为中国建筑水平的提高做出了重要贡献。

“水立方”：膜材料做“外衣”

“水立方”是我国第一个采用ETFE（乙烯—四氟乙烯共聚物）膜材料作为立面维护体系的建筑。“水立方”的外形看上去就像一个蓝色的水盒子，而墙面就像一个个无规则的泡泡。这些泡泡所用的材料就是“ETFE”，这种材料的耐腐蚀性、保温性俱佳，自洁能力强。国外的抗老化试验证明，它可以使用15~20年。

“水立方”设计采用了泡沫理论，建筑外墙分布着3000个不规则的气枕，即使出现外膜破裂，8小时内就可以将破损的外膜修补或更换。ETFE膜立面装配系统在国家游泳中心的运用、尝试是迄今世界上规模最大、构造最复杂、技术综合最全面的一次。

射击馆：不像比赛像“狩猎”

北京射击馆最大的创意亮点就是“林中狩猎”。站在馆外放眼望去，整个场馆外壁布满了棕色木条纹，看上去像长满了高大树木的森林。这些木条纹不仅营造出了“狩猎”的气氛，还有特殊的功效——木条实际上是木纹铝合金材质，能够遮挡强光，将适合的光线导入馆内。走进资格赛馆大厅，看到的地砖都是接近土壤颜色的，交错的木地板刻画出林木的效果，深吸一口气，还能闻到青草的香味，让运动员和观众都有置身林中的狩猎感觉。

国家体育馆：钢结构创新设计

国家体育馆钢屋架工程为双向张弦桁架结构，该结构形式目前居国际领先水平，能同时满足国家体育馆结构设计的三个要素：建筑设计的美观要求、承载方式的安全可靠、结构受力体系的简洁合理且造价低廉。国家体育馆钢屋架的上层采用正交正放的空间桁架结构体系，使屋盖在壳面内、外均有很好的刚度；钢屋盖结构形式为单曲面、双向张拉空间索网，结构形式新颖，双向跨度大，为世界首创。

北京工业大学体育馆：以“轻”取胜

北京奥运会羽毛球、艺术体操比赛场馆——北京工业大学体育馆为大跨度的预应力弦支穹顶结构，跨度达93米。钢屋盖的弦支穹顶结构融入预应力体系，使得屋面竖向荷载转为拉力，能够承受设计载荷3.2倍的重量，从而以“轻”取胜，实现了造型与结构的完美统一。弦支穹顶结构体系是由单层球面网壳、撑杆及预应力拉索组成，其中各层撑杆的上端与单层网壳相对应的各层节点径向铰接，下端由径向拉索与单层网壳下一层节点连接，同一层的撑杆下端由环向索连在一起，使整个结构形成一个完整的闭合力系。体育馆的钢结构还恰合了羽毛球轻盈的特点，屋盖的平均用钢量在每平方米60公斤左右，大大节约了用钢量。

北京大学体育馆：诠释乒乓球运动真谛

北京奥运会乒乓球比赛场馆——北京大学体育馆的钢屋盖为钢桁架结构，跨度为64米，檐口高21.9米。钢屋盖采用了自平衡的预应力桁架壳体，该壳体由32榀辐射桁架支撑在下部混凝土框架柱顶，辐射桁架内端通过标高为26.3米、直径为26米的菱形受压刚性环连接成整体，进而形成中央网壳的支撑结构。乒乓球运动是对速度、力量、旋转的综合要求，体育馆屋面上两条钢屋脊旋转所形成的曲面，很好地诠释了乒乓球运动的真谛，而屋盖中央的玻璃球体也象征着乒乓球的形状。

老山自行车馆：可容纳6000人

老山自行车馆巨大的碟型屋顶为自行车赛车手头盔的抽象演绎，凌驾于南北贯穿的群房平台之上，气势恢弘，充分表现出体育建筑特有的性格特点和结构美感。体育馆建筑面积33320平方米，地上分3层，建筑高度为33.80米，赛时可容纳观众6000人。为满足椭圆形自

○●位于北京市朝阳区东南的北京工业大学体育馆，是2008年北京奥运会羽毛球和艺术体操比赛场馆。北京工业大学体育馆外形酷似一个扁平的羽毛球，建筑体态轻盈优美。体育馆的建筑、结构、空调、照明等所有专业的设计和施工均由我国自主完成。奥运会后，这里将成为学校的文体活动中心、周边社区健身中心和国家羽毛球队的训练基地。这是北京工业大学体育馆内景。

○●这是2008年8月2日航拍的北京大学体育馆。北京奥运会乒乓球项目的比赛将在这里举行。

行车赛道的要求，同时兼顾建筑功能，老山自行车馆的钢屋架采用了轻巧、合理的双层球面网壳结构，下面是人字钢柱支撑体系，钢柱脚通过可转动的铸钢球铰支座与混凝土柱顶相连。网壳加人字柱为典型的呼吸结构，即在温度变化时，结构可以自由地发生较大的温度变形，而不产生温度应力，化解了大体量钢结构使用阶段最不易解决的问题。这样的钢结构形式极为少见。

奥运百科 AOYUN BAIKE

奥运会火炬

北京2008年奥运会火炬长72厘米，重985克，燃烧时间15分钟，在零风速下火焰高度25~30厘米，在强光和日光情况下均可识别和拍摄。在工艺方面使用锥体曲面异型一次成型技术和铝材腐蚀、着色技术。火炬外形制作材料为可回收的环保材料。

北京2008年奥运会火炬创意灵感来自“渊源共生，和谐共融”的“祥云”图案。祥云的文化概念在中国具有上千年的时间跨度，是具有代表性的中国文化符号。火炬造型的设计灵感来自中国传统的纸卷轴。

奥运场馆环保样板

绿色奥运”体现着“科技奥运”的思想，“科技奥运”成为“绿色奥运”的依托。为了实现“绿色奥运”的承诺，奥运场馆在设计和建设中运用了各种新技术、新材料，真正做到了将环保理念和创新科技完美地结合在一起。

“鸟巢”：废弃钢材变废为宝

“鸟巢”工程钢结构卸载之后，建设中的废弃钢材将被全部制成纪念品，向全社会公开发行。“鸟巢”废弃钢材变废为宝，纪念品将包括多个类别，有小型徽章，也有体积较大的摆件，价格则从几十元到上千元不等。

国家体育馆：太阳能照亮两万平方米

国家体育馆安装有1124块太阳能电池组件，这些太阳能电池组件每天额定输出功率达到100千瓦，并入电网后，可用于国家体育馆2万平方米地下场所的照明。初步计算，国家体育馆100千瓦光伏电站设计使用寿命为25年，累计发电232万度，按一度电能平均消耗390克标准煤计算，国家体育馆太阳能电池使用25年可以减排二氧化碳约2352.5吨、二氧化硫约21.7吨和氮氧化物约6.3吨。

水上公园：场馆污水“零排放”

水上公园水面面积约64万平方米，绿地面积约58万平方米，绿化率超过82%，是北京奥运会绿化率最高的比赛场馆。这里原来是一片荒河滩，现在已经成为了一个纯天然的“绿色氧吧”。水上公园将环保理念贯彻到建设和使用的各个方面：为了节约水源，场馆在建设中特别选择了耐旱的树种；场馆还大量采用可再生能源和节能照明技术，场地的主要照明就来自150盏太阳能光伏发电路灯；更为重要的是，大型水循环处理系统基本上每一个月左右就能把赛区内全部的水循环净化一次，能有效控制和维持拥有健康平衡生态环境的水体，实现场馆污水的“零排放”。

柔道馆：场馆采光“零耗能”

北京奥运会柔道跆拳道比赛场馆特别装备有储存阳光的采光罩。每个气球似的采光罩里藏着将近150个口径达到53厘米的光导管。它能收集并储存室外的光线，通过有放大作用的漫射器将光线均匀地洒进场馆，从而实现采光“零耗能”。

射击馆：日常训练无需开灯

由于房屋高度、结构设计合理，尽可能采用自然光照明，使射击馆在白天不开灯也能比较亮堂，平时运动员训练可以不用开灯。建筑外部装饰的百叶是由热转印木纹铝合金制成的。它既起到了建筑装饰作用，还能遮挡23%左右的阳光，可以有效遮挡强烈日照进入室内，降低室内能源消耗。

国家会议中心：厨余处理环保快速

国家会议中心厨余垃圾真空管道收集系统技术的应用，在众多奥运工程建设中并不多见。该系统管道总长1310米，是世界上厨余垃圾真空管道收集系统中最长的。通过采用散料、负压、抽吸等先进技术和工作方式，满足了整个会议中心及配套设施厨房、餐厅和宴会厅厨余垃圾的集中收集功能，使奥运会期间环境卫生、空气新鲜无异味、厨余垃圾能够快速处理。

奥运村居住区：绿色空调系统

在奥运村居住区，42栋楼房都采用了绿色空调系统，即再生水源热泵系统，提取污水处理厂的二级出水（再生水）中的温度，为奥运村提供冬季供暖和夏季制冷，每年可节约燃煤数千吨，减少大量二氧化碳等温室气体的排放。

奥运百科 AOYUN BAIKE

奥运会体育图标

北京2008年奥运会体育图标，名为“篆书之美”的北京2008年奥运会体育图标以篆字笔画为基本形式，融合了中国古代甲骨文、金文等文字的象形意趣和现代图形的简化特征，符合体育图标易识别、易记忆、易使用的要求。

工程规划

既注重场馆便利又着眼赛后利用

2008
中国年谱
奥运你好

5000亿投资为奥运“垫底”

2008年7月27日，北京市规划委员会副主任谈绪祥在新闻发布会上表示，北京已全面高质量完成奥运场馆设施的规划建设，所有场馆交通便利、质量优良，拥有先进的设备和技术，既方便运动员的使用，又有利于赛后利用。在城市交通和基础设施建设方面，首都机场3号航站楼、北京南站、地铁5号线等一批交通基础设施工程相继建成并投入使用，奥运会期间的交通运输将得到充分的保障。此外，结合城市规划的实施，北京新建和改造了一批公共服务设施，将全方位地满足奥运会的需求。据专家测算，从2001年到2008年奥运会前期，北京市与奥运直接相关的基础设施投入约为1800亿元，再加上配套的通信、邮电、道路、教育、绿化、改造等非奥运直接投入，总共达到5000亿元人民币左右。

体育场馆基本建设投资总预算表

（单位：百万美元）

场馆名称	比赛项目	组委会预算			非组委会预算			总计
		新建	改建	小记	新建	改建	小记	
1. 国家体育场	田径	/	/	/	246.71	/	246.71	246.71
2. 国家体育馆	体操	/	/	/	45.67	/	45.67	45.67
3. 游泳中心	游泳	/	/	/	107.51	/	107.51	107.51
4. 中国国际展览中心展馆A	乒乓球	/	6.00	6.00	/	/	/	6.00
5. 中国国际展览中心展馆B	设计	/	4.00	4.00	/	/	/	4.00
6. 中国国际展览中心展馆C	摔跤	/	3.00	3.00	/	/	/	3.00

续表

场馆名称	比赛项目	组委会预算			非组委会预算			总计
		新建	改建	小记	新建	改建	小记	
7. 中国国际展览中心展馆D	羽毛球	/	7.00	7.00	/	/	/	7.00
8. 奥林匹克公园射箭场	射箭	/	/	/	/	/	/	/
9. 国家网球中心	网球	/	/	/	43.92	/	43.92	43.92
10. 国家曲棍球场	曲棍球	/	/	/	68.02	/	68.02	68.02
11. 奥体中心体育场	足球、五项	/	12.00	12.00	12.99	/	12.99	12.99
12. 奥体中心体育馆	手球	/	7.00	7.00	/	/	/	7.00
13. 奥体中心垒球场	棒球	/	8.00	8.00	/	27.69	27.69	35.69
14. 英东游泳馆	水球	/	8.00	8.00	/	20.16	20.16	28.16
15. 北京射击场飞碟靶场	射击	/	3.50	3.50	/	/	/	3.50
16. 北京射击馆	射击	/	/	/	37.51	/	37.51	37.51
17. 老山自行车馆	自行车	/	/	/	42.68	/	42.68	42.68
18. 老山山地车馆	山地自行车	/	4.00	4.00	/	3.31	3.31	7.31
19. 城区公路赛场	公路自行车	/	/	/	/	/	/	0.00
20. 五棵松体育馆	篮球	/	/	/	282.65	/	282.65	282.65

续表

场馆名称	比赛项目	组委会预算			非组委会预算			总计
		新建	改建	小记	新建	改建	小记	
21. 五棵松体育场	棒球	/	/	/	31.77	/	31.77	31.77
22. 丰台棒球场	棒球	/	/	/	28.48	/	28.48	28.48
23. 紫禁城铁人三项赛场	铁人三项	/	3.50	3.50	/	/	/	3.50
24. 顺义奥林匹克水上公园	水上项目	/	/	/	74.85	/	74.85	74.85
25. 北京乡村赛马场	赛马	/	15.00	15.00	101.01	/	101.01	116.01
26. 首体院体育馆	柔道	/	/	/	34.22	/	34.22	34.22
27. 北航体育馆	举重	/	1.75	1.75	/	/	/	1.75
28. 北体大体育馆	排球	/	/	/	13.03	/	13.03	13.03
29. 首都体育馆	排球	/	7.00	7.00	/	/	/	7.00
30. 工人体育场	足球	/	3.50	3.50	/	/	/	3.50
31. 工人体育馆	拳击	/	3.50	3.50	/	/	/	3.50
32. 天安门沙滩排球场	沙滩排球	/	/	/	/	/	/	0.00
33. 青岛国际帆船中心	帆船	/	/	/	87.59	/	87.59	87.59
34. 天津体育场	足球	/	/	/	83.21	/	83.21	83.21
35. 秦皇岛体育场	足球	/	/	/	36.14	/	36.14	36.14

续表

场馆名称	比赛项目	组委会预算			非组委会预算			总计
		新建	改建	小记	新建	改建	小记	
36. 沈阳五里河体育场	足球	/	1.75	1.75	/	/	/	1.75
37. 上海体育场	足球	/	3.50	3.50	/	/	/	3.50
小记	/	/	/	102.00	/	/	1429.12	1531.12
奥运村	/	40.00	/	40.00	442.48	/	442.48	482.48
主新闻中心	/	/	30.00	30.00	/	/	/	30.00
国际广播电视中心	/	/	15.00	15.00	/	/	/	15.00
记者村	/	/	3.00	3.00	/	/	/	3.00
总计	/	40.00	150.00	190.00	1820.44	51.16	1871.60	2061.60

（资料来源：《市场报》2001年7月19日第7版）

增强风险防范立足节俭办奥运

一提起申办奥运会，所有的城市都会感到兴奋。但在20世纪80年代之前，举办奥运会的城市却没有几个能走出赔钱的阴影。其中最为引人注目的就是1976年蒙特利尔奥运会，那届奥运会出现了10多亿美元的巨额亏空，15天的奥运会使蒙特利尔负债长达20年，掉进了“蒙特利尔陷阱”。这也给以后的奥运会主办城市敲响了警钟：要合理利用奥运资源、避免盲目投资，要“节俭办奥运”。2004年雅典奥运会，35个场馆的80%是新建场馆，另外20%是修建的。大量体育场馆的建设，给雅典带来一定的经济负担。“节俭办奥运”是北京奥运会在全过程中一直坚持的原则。早在2001年12月北京奥组委成立之际，就明确地提出了“节俭办奥运”，积极实践，成效显著。2004年7月，时任北京市市长王岐山在中共北京市委九届七次全会上提出，在筹办2008年奥运会过程中，北京奥组委及其他相关部门必须牢固树立“节俭办奥运”的观念，尽最大努力降低工程造价。在奥运场馆建设方面，一是要挖掘存量，尽可能利用现有体育场馆，减少重复建设。二是新建场馆标准要适度，在满足赛事需要的前提下重新调整项目规划，通过设计优化、技术论证、科技攻关、科学管理等手段，千方百计降低工程造价。三是新建、改建场馆要充分考虑赛后利用。

以节俭为要求，北京奥运会场馆建设方案做了较大调整。在不影响建筑牢固性、安全性、艺术性的条件下，五棵松体育馆对设计进行优化，建筑面积由原来的11.9万平方米减少到6.3万平方米，造价大幅下降。

对奥运场馆建设方案进行调整，不单纯是为了省钱，它更体现了北京市对“节俭办奥运”的理解有了新的升华。北京通过调整投入结构，将节省下来的资金用于保障城市环境和基础设施建设投入。其中一些项目，比如地铁5号线、机场客运专线，酒仙桥、吴家村等6座污水处理厂建设工程等等，均比预定的时间提前完成。

在提高奥运场馆的赛后利用率方面，北京奥运会20%的比赛场馆设在大学里，11个新建场馆有4个在大学里新建，利于赛后利用。同时，41个独立训练场馆安排在现有的体育设施中，尽量采用临时设施，减少新建场馆，避免将来闲置。

在奥运场馆内部设施设计上，也到处渗透着节俭的理念。国家游泳中心设计了雨水回用等四大系统，全年可收集雨水1万立方米、洗浴废水7万立方米，建筑物所需绿化用水、冷却塔补水等，全部通过废水回用解决，每年减少废水排放量14万立方米。

可以说，节俭的精神贯穿于北京奥运会筹办工作的始终，贯穿于全部赛事进行过程之中。“节俭办奥运”是深入贯彻落实科学发展观的必然要求，符合“绿色奥运”的内涵，进一步营造出了建设节约型社会的良好氛围。

《人民日报》2008年7月8日发表题为《节俭办奥运》的评论文章指出，节俭办奥运，符合“绿色奥运、科技奥运、人文奥运”的理念。绿色奥运体现了环保和人与自然协调发展的要求，科技奥运强调高新技术的广泛应用，人文奥运突出

"以人为本"。"三大理念"的提出，为节俭办奥运拓宽了思路。北京奥运会新建改建的一批场馆中，采用了许多环保技术，节省了经费和能源；城市建设改造中，采用了许多高新技术，着眼于长久使用，使举办奥运会更好更多地惠及人民群众。这些都是节俭办奥运的成果。

节俭办奥运，符合科学发展观的要求。举办奥运会是我国社会主义现代化建设中的一件大事。我们要通过举办奥运会，全面提高公民的身体素质和文明素质，加快城市现代化建设进程，加快全面建设小康社会的进程。坚持节俭办奥运，有利于大力营造建设节约型社会的良好氛围，以促进我国经济和社会又好又快地发展。

2004年2月17日，北京奥组委印发《第29届奥林匹克运动会组织委员会机关关于节俭办奥运的若干规定》，对组委会各部门、全体工作人员节俭办公提出了严格而细致的要求。

为贯彻落实党中央、国务院"节俭办奥运"的指示精神，进一步控制和降低奥运会筹办费用，提高工作效率，北京奥组委制定、印发了《第29届奥林匹克运动会组织委员会机关关于节俭办奥运的若干规定》（以下简称《规定》），要求组委会各部门、全体工作人员和奥组委各项工作的全过程均自即日起依照执行。

《规定》包括总则、日常管理、监督和责任追究及附则四部分，共十七条。《规定》中指出，节俭办奥运要坚持精简适度、精打细算的原则，从小事做起，从点滴做起，力戒讲排场、求奢华、摆阔气，坚决反对铺张浪费。《规定》要求北京奥组委各部门要增强风险防范意识，采取严格的风险防范措施，规避风险造成的损失和浪费。

《规定》对奥组委的日常管理在控制大额专项预算支出、日常办公费用支出、纪念品领用、人员编制和机构设置、举办大型会议和大型活动、出国（境）活动计划和预算安排、内外事接待费用支出、律师费和专家咨询费支出、集中采购及固定资产折旧制度等方面进行了严格而细致的要求。

《规定》要求北京奥组委监察审计部要对委内各部门遵守和执行《规定》的情

况进行监督检查。对违反《规定》从而造成损失或浪费的，视情节轻重，追究直接责任人和有关领导的责任。

国家体育场&国家游泳中心建设大事记

水立方”建设大事记

- 2003年1月15日 建筑设计方案面向全球招标
- 2003年7月 国家游泳中心建筑设计方案正式确定，简称“水立方”
- 2003年12月24日 国家游泳中心奠基，土方及基础处理工程开工
- 2005年5月 国家游泳中心完成全部主体混凝土结构施工
- 2005年6月 国家游泳中心钢结构开始安装
- 2006年4月10日 国家游泳中心主体结构封顶，完成钢结构安装
- 2006年6月16日 钢结构支撑体系成功卸载
- 2006年8月1日 国家游泳中心安装第一块膜结构气枕
- 2006年12月26日 国家游泳中心完成外层膜结构安装
- 2007年1月 国家游泳中心精装修开始施工
- 2007年3月 国家游泳中心市政工程开始施工
- 2007年9月 国家游泳中心完成主要机电设施安装
- 2008年1月28日 国家游泳中心竣工交付
- 2008年2月 第一场测试赛——中国游泳公开赛举行

“鸟巢”建设大事记

- 2002年3月31日 国家体育场面向全球公开征集规划设计方案
- 2003年3月25日 “鸟巢”方案胜出
- 2003年8月9日 由4家企业组成的中国中信集团联合体，成为国家体育场项目法人合作方招标的中标人。这是奥运场馆中第一个定标签约的项目
- 2003年12月24日 举行开工奠基仪式
- 2004年1月13日 “鸟巢”进入正式打桩阶段的施工，“鸟巢”工程开始实质性

结构建设

● 2004年7月30日 奥运场馆的安全性、经济性问题成为焦点，“鸟巢”全面停工

● 2004年8月31日 “鸟巢”优化方案最终确定，取消可开启屋盖、扩大了屋顶开孔，座位数减少9000个，用钢量减少1.2万吨，膜结构减少0.9万平方米，但整体风格不变

● 2004年12月28日 “鸟巢”复工

● 2005年10月28日 “鸟巢”首件钢构件开始吊装

● 2005年11月15日 “鸟巢”混凝土主体结构封顶

● 2006年8月31月 “鸟巢”钢结构合成

● 2006年9月17日 “鸟巢”钢结构卸载成功

● 2007年9月27日 “鸟巢”膜结构工程开始施工

● 2008年4月18日 “鸟巢”迎来首场比赛——2008年国际田联竞走挑战赛

● 2008年5月18日 “鸟巢”迎来第二次测试赛——中国田径公开赛

● 2008年6月28日 “鸟巢”正式落成

新建场馆

1. 国家体育场
2. 国家游泳中心
3. 国家体育馆
4. 北京射击馆
5. 北京奥林匹克篮球馆
6. 老山自行车馆
7. 顺义奥林匹克水上公园
8. 中国农业大学体育馆
9. 北京大学体育馆
10. 北京科技大学体育馆
11. 北京工业大学体育馆
12. 北京奥林匹克公园网球场

改扩建场馆

13. 奥体中心体育场
14. 奥体中心体育馆
15. 北京工人体育场
16. 北京工人体育馆
17. 首都体育馆
18. 丰台体育中心垒球场
19. 英东游泳馆
20. 老山山地自行车场
21. 北京射击场飞碟靶场
22. 北京理工大学体育馆
23. 北京航空航天大学体育馆

临建场馆

24. 国家会议中心击剑馆
25. 北京奥林匹克公园曲棍球场
26. 北京奥林匹克公园射箭场

27. 北京五棵松体育中心棒球场

28. 朝阳公园沙滩排球场

29. 老山小轮车赛场

30. 铁人三项赛场

31. 公路自行车赛场

数字“鸟巢”

25.8万平方米 “鸟巢”建筑面积25.8万平方米，占地20.4公顷。

9.1万人 “鸟巢”有9.1万个标准座席，其中包括1.1万个临时座席。

11万吨 “鸟巢”总用钢量约为11万吨。外部钢结构用钢4.2万吨，其中主结构用钢约2.3万吨。

18万立方米 “鸟巢”混凝土浇筑量约18万立方米，有各类桩柱3145根。

100% “鸟巢”钢结构焊缝长度近320公里，经检测，合格率为100%。

100年 “鸟巢”主体结构设计使用年限为100年。耐火等级为一级。抗震设防裂度8度。

35亿元 通过优化设计，控制成本，“鸟巢”总造价投资控制在35亿元人民币。

重点地区及景观大道环境建设

景观大道环境建设是北京奥运工程建设的重点内容之一。25条景观大道建设涉及户外广告、绿化植被、市政设施等十大方面，不仅临街底商牌匾要统一整治，楼体的空调机位和窗栏阳棚将根据实际情况调整改造，楼体外立面也将粉饰一新。奥运景观大道将成为京城的“新门面”。主要奥运场馆周边共计25条景观大道建设工程于2007年9月30日前完成。8月17日，修整一新的北京和平西街盛装亮相，成为北京25条奥运景观大道中首条竣工的道路。此路改两车道为六车道，通过对临街建筑物进行粉饰清洗、拆除护栏、更换门窗等工作，使道路焕然一新。6月30日前完成：二环路、北四环、和平西街（延伸到樱花西街、惠新西街和安苑路）、安定路、松榆南路、西大望路、朝外大街、大屯路、北辰西路、白庙村路、辛店村路、北中轴路；9月30日前完成：三环路、五环路、长安街延长线、机场路、北辰东路、运动员村路、安立路、京顺路、北苑路、通惠河北路、广渠路、望京西路、广顺北大街及二期工程。

2008年1月7日，朝阳区召开2008年环境建设指挥部第一次动员大会。会议对2008年的环境建设工作进行了部署。总体要求是：全面贯彻党的十七大精神，“全力服务奥运，统筹改善民生，推进科学发展”，突出重点区域，在“六个方面”深入治乱、继续见新、精心添彩、长效管理，为奥运会、残奥会成功举办，营造整洁有序、亮丽和谐的城市环境。重点区域是：“2468”范围、奥运核心区、城乡结合部、奥运比赛场馆、注册宾馆、饭店，定点医院周边及主要连接线。工作任务是：2008年环境建设任务共24项。其中，市级规定13项：景观环境布置，整治航空走廊，综合整治重点大街弱电架空线，整治烂尾楼，整治城乡结合部，整治征而未建地，治理白色污染，清洗粉饰建筑物外立面，整治轨道交通、铁路及主要道路周边环境，改造老旧小区，规范整顿城市道路公共服务设施，整治城市边角地，奥运会后重点地区环境整治。区级环境建设任务11项：拆除违法建设，拆除逾期临时建设，规范环境秩序，整顿地下空间，新改建环卫设施，实施户外广告规划，整治道路两侧沿街立面，治理河道，绿化美化，修建道路，农村地区环境建设。时间安排是：1月7日正式启动环境建设工作。力争3月底以前完成重点区域的拆除、整治任务；5月底前完成各项挂账任务，展示环境建设成果；6月份组织验收，拾遗补缺，进入运行保障状态；10月初至年底，总结工作，强化长效管理。

开展已竣工奥运场馆及相关设施工程质量“回头看”工作方案（要点）

按照党的十七大提出的“办好2008年奥运会、残奥会”的要求，根据“2008”工程建设指挥部整体工作部署，对已竣工奥运场馆及相关设施工程进行工程质量“回头看”工作，北京市“2008”工程建设指挥部办公室2008年1月29日制定了《已竣工奥运场馆及相关设施工程质量“回头看”工作方案》。

一、指导思想

按照党的十七大提出的“办好2008年奥运会、残奥会”的要求，为确保奥运场馆及相关设施工程硬件设施系统质量及运行可靠、稳定、确保对赛事运行有重大影响的设施系统万无一失，对2008年1月31日前竣工的奥运场馆及相关设施工程开展工程质量“回头看”活动。

二、组织领导及职责分工

成立已竣工场馆及相关设施工程进行工程质量“回头看”工作领导小组，下设办公室和建筑设施工程质量、特种设备、消防设施使用功能、电力设施保障及赛后功能完善五个专项工作组，具体分工为：

（一）领导小组办公室负责“回头看”工作的组织、协调和督办工作；（二）建筑设施工程质量专项工作组负责组织建筑设施工程质量（包括使用安全、重要使用功能及观感质量）方面“回头看”工作；（三）特种设备专项工作组负责组织特种设备技术安全“回头看”工作；（四）消防设施使用功能专项工作组负责组织消防设施使用功能“回头看”工作；（五）电力设施系统可靠性专项工作组负责组织电力保障“回头看”工作；（六）赛后功能完善专项工作组负责厕位升级、加遮阳篷、无障碍设施、影响主席台和看台视线的栏杆改造四个专项工作。

三、检查范围

2008年1月31日前竣工的场馆及相关设施工程。

四、重点检查内容

（一）涉及建筑使用安全、重要使用功能、观感质量的内容；（二）特种设备，主要是电梯、压力容器及锅炉等；（三）消防设施使用功能检测；（四）电力设施系统可靠性；（五）测试赛后功能完善情况。

五、工作安排

（一）工作部署

在2月1日前召开已竣工场馆及相关设施工程业主大会，对“回头看”工作进行部署。

（二）检查阶段

检查分为制定工作方案、自查自纠、核查验收三个阶段。第一个阶段，各建设单位组织制定自查自纠工作方案，并于2月29日前完成。第二个阶段，建设单位于3月1日开始组织自查自纠，对查出的问题及时整改；同时五个专项工作组于3月1日开始穿插组织摸查和督促整改，3月31日前完成。第三个阶段，4月1日开始由领导小组组织各专项工作组，对发现的问题整改情况分批进行核查验收，4月30日前完成。加遮阳篷等实施难度较大的专项工作，完成时间可另行计划安排。

六、工作要求

（一）各专项工作组负责人要切实负起责任，要组织好“回头看”专项工作组工作计划的实施和整改的落实工作。（二）五个专项工作组负责制订具体的“回头看”检查方案，并将检查验收方案于1月25日前书面报指挥部办公室，2月1日前确定各组方案后下发。（三）各专项工作组的摸查工作要尽早安排，在摸查过程中，对业主的自查自纠工作要进行指导，要做好检查记录，对检查出的问题要进行分析，有针对性地提出整改意见并促落实，为下一阶段工作的开展打好基础。（四）严格报告制度，要求各专项工作组上报的方案和报告，只能提前，不能拖后，内容要全面、真实、准确。

奥运景观环境布置朝阳确定重点区域

北京市二环、三环、四环、五环4条环路及北中轴路等都将成为奥运会期间奥运景观布置的重点区域。作为奥运会主场馆所在地，朝阳区将承担奥运景观布置的主要任务。朝阳区奥运景观环境布置的重点区域包括4条环路、北中轴路、通惠河北路等10条景观大道，奥运中心区、工人体育馆、沙滩排球场等奥运比赛、训练场馆及进出朝阳主要连接线的34个节点。

奥运景观布置方案内容包括摆花、景观造型、设置艺术品、条幅、气球等，既要突出迎接奥运的环境氛围，又要富有北京特色。除了重点街区，从整体奥运景观环境布局设计，还将建设机场生活区、北五环植物园等7处万米大绿地，建造神路街、南磨房路等51条特色园林大街，并将完成奥运火炬传递路线绿化改造8个项目。

场馆运行监督保安全

对于奥运会这样规模庞大的系统工程来说，筹办过程涉及资金多、人员多、物资多，尤其是奥运工程建设项目多、规模大、资金流量大。如何保证工程安全、资金安全、人员安全，就成为奥组委、监督委员会以及各有关地区和部门的监督机构重视的问题。按照“节俭办奥运、廉洁办奥运”的要求，2001年12月13日成立的第29届奥运会监督委员会于2002年制定了《第29届奥林匹克运动会监督委员会监督工作方案》，明确了奥运监督工作的原则和基本思路，就是要坚持“关口前移，重在预防；全程介入，严格监督；公平公正，公开透明；依法监督，服务大局”的原则，建立健全各项规章制度，加强监督，从体制、机制、制度上预防腐败现象发生。

中共中央政治局常委、中央纪委书记贺国强2008年7月14日在考察北京奥运会场馆建设和奥运村时说，7年来，在北京奥组委及奥运会（搜狐联想2008奥运、联想官网）监督委员会的直接领导下，各级奥运监督部门采取一系列切实有效的措施，对整个奥运筹办工作进行全程监督，做了大量工作，取得了显著成效，总体情况是好的，不仅确保了奥运场馆建设和奥运筹办工作的健康、有序、顺利进行，而且为今后举办大型活动、建设大型工程开展监督检查工作积累了许多经验。

北京奥运会筹办工作的一个重要特点是政府主导，直接参与组织、建设和筹办奥运会工作的单位主要是政府部门、国有企事业单位，其组织者、领导者也多是领导干部。围绕这一特点，监督委员会在奥运监督工作中参照党风廉政建设责任制，推行廉洁奥运责任制，锻造一支廉洁干部队伍。通过制定《第29届奥运会组委会关于廉洁办奥运责任制的规定》，明确了奥组委各部门和处级以上领导干部在履行职责和廉洁自律上的责任，强化对领导干部的责任约束和监督力度。对奥组委新上岗的工作人员，特别是各部门领导，监察审计部都要组织他们进行培训，学习《中国共产党纪律处分条例》、《中共中央纪委关于严格禁止利用职务上的便利谋取不正当利益的若干规定》等党纪条规，增强他们的“红线”意识和主动接受监督的意识。

同时，针对人、财、物等重要管理环节，以及场馆建设、市场开发、票务、火炬接力等重要工作，监督委员会制定了一系列管理制度，制定标准，规范程序，规定权限，明确责任，做到用制度管人，用制度管财，用制度管物，用制度管权。《第29届奥运会组委会工作人员廉洁自律守则》、《第29届奥运会组委会大额专项支出项目绩效评审办法》和《第29届奥运会组委会场馆工作人员赛时纪律规定》等一系列监督工作文件也先后出台，对开展监督工作、规范工作人员行为等作出了明确规定。

监督委员会下设工程监督室，负责对奥运场馆工程建设的日常监督工作，凡是以中央投资、地方投资或融资等方式筹措资金建设的新建、改扩建及临建场馆等项目，均属于工程监督室的监督范围。监督重点包括奥运场馆工程建设过程中有关部门的履行职责情况、工程招投标、工程概算预算结算、经济合同的执行情况、工程质量的管理情况、工程资金的使用情况等。根据建设进度，监督委员会对项目的前期准备、建设实施、竣工交付使用等三个阶段进行监督，并开发和利用计算机审计系统，实现监督手段现代化，实施对项目建设的投资、工期及施工质量动态情况的监督。同时，建立审计监督数据库群，对项目实行档案化、电子化管理，科学、规范、高效地开展监督工作。另据统计，2002年以来，监督委员会对北京、青岛、上海、天津、沈阳和秦皇岛等地区的场馆建设和相关监督工作进行了40余次视察检查，对场馆建设以及相关监督工作中存在的问题及时提出整改意见和建议，并督促落实，促进了场馆工程建设和监督工作规范有序地开展。

在筹办工作转入运行筹备阶段时，为了加强对奥运场馆运行工作的监督，由监察审计部与北京市监察局、国家体育总局监察局、教育部监察局、国防科工委监察局联合向北京奥运会的全部23个竞赛场馆（群）和5个重点非竞赛场馆派驻了28个场馆监督办公室。同时，按照《第29届奥运会组委会场馆运行监督工作方案》，健全完善场馆运行监督工作机制，制定监督工作计划，落实各项监督措施，加强对监督工作人员的培训。在“好运北京”体育赛事期间，监督委员会和监察审计部派人到现场进行检查，重点是场馆团队工作人员履行职责情况以及场馆监督办公室开展监督工作情况，并组织召开了两次场馆监督办公室主任例会，协调指导各监督办公室开展场馆监督工作，对场馆监督工作人员进行业务培训。

根据奥运筹办工作转入赛时体制的新形势、新要求，监督委员会制定了《第29届奥林匹克运动会监督委员会关于进一步加强监督，确保北京奥运会、残奥会成功举办的意见》和《第29届奥运会组委会、第29届奥运会监督委员会关于奥运会、残奥会赛前和赛时运行阶段工作人员纪律规定和责任追究办法》等重要监督工作文件，对进一步加强监督工作，特别是对规范赛时工作人员行为，以及认真履行职责、廉洁自律等方面提出了具体要求，同时提出对赛时出现问题的人员严格实行责任追究，起到了良好的规范和警示作用。

场馆运行监督工作目标、任务、职责

方面	工作部署
目标	贯彻落实党中央关于"节俭办奥运、廉洁办奥运"的指示精神，建立健全场馆运行监督工作体制、机制和各项规章制度，采取切实有效的措施，加强场馆运行的管理和监督，确保资金、物资、人力资源的科学配置和合理使用，促使场馆运行团队工作人员自觉履行职责、廉洁自律，预防腐败问题发生。
奥运会（残奥会）赛前主要工作任务	对场馆工作人员进行监督；对有关重大事项进行监督；对测试赛筹备组织工作进行监督；配合开展场馆建设监督工作，协调外围保障工作；督促场馆团队建立健全规章制度。
奥运会（残奥会）赛时主要工作任务	加强对赛时有关重要决策、重大工作部署、领导交办重要事项、资金和物资的管理与使用等重要工作事项的督察和监督；对重要工作岗位进行现场巡察。对场馆团队中的注册、安检、物资管理、交通、礼宾、观众服务等重要岗位的人员工作情况进行巡察和督察。重点检查工作人员在岗情况、执行制度情况和落实岗位要求等情况；受理服务投诉。在每个场馆发放《奥运会官方服务指南》和《残奥会官方服务指南》，并在其中公布服务投诉电话。
奥运会（残奥会）赛后主要工作任务	加强对赛后场馆运行资金结算的监督；加强对赛后场馆物资的回收和处置的监督；撰写监督工作总结报告。
场馆监督办公室的职责和权限	场馆监督办公室负责对所驻场馆运行工作进行日常监督，受场馆属地监察机关和监察审计部的领导。场馆监督办公室的职责：对场馆运行的全过程进行日常监督，对场馆各业务口和包括场馆主任在内的全体场馆团队工作人员履行职责、廉洁自律等情况进行监督，对场馆运行中的资金、物资使用管理和处置情况进行监督，对测试赛筹备组织工作进行监督，配合开展场馆建设监督工作。场馆监督办公室的权限：参加场馆主任办公会、专题会等重要会议，对重要事项的讨论和决策进行监督；参加场馆运行工作中的预算审核、资金审核、计划监控、物资和服务采购等专项工作；对预算审核、资金审核、采购招标等程序进行监控；可查阅有关资料和向有关人员了解情况，对有关事项进行检查；对发现的问题提出改进意见和建议，重大问题及时向上级监督机构报告。

奥运百科 AOYUN BAIKE

奥运会吉祥物——福娃

福娃色彩与灵感来源于奥林匹克五环、来源于中国辽阔的山川大地和人们喜爱的动物形象。福娃向世界各地的孩子们传递友谊、和平、积极进取的精神和人与自然和谐相处的美好愿望。福娃是五个可爱的亲密小伙伴，他们的造型融入了鱼、大熊猫、藏羚羊、燕子以及奥林匹克圣火的形象。

每个娃娃都有一个朗朗上口的名字："贝贝"、"晶晶"、"欢欢"、"迎迎"和"妮妮"，在中国，叠音名字是对孩子表达喜爱的一种传统方式。当把五个娃娃的名字连在一起，会读出北京对世界的盛情邀请"北京欢迎你"。

北京奥运会方针：开放办奥运　创新办奥运　节俭办奥运　廉洁办奥运　全民办奥运

坚持开放办奥运的方针——学习和借鉴历届奥运会的成功经验和做法，提高中国和北京的开放水平，向世界展示中国经济发展、社会进步的新形象。

坚持创新办奥运的方针——在遵守《奥林匹克宪章》和《主办城市合同》的前提下，集中各方智慧，使北京奥运会筹办工作在体制创新、机制创新、管理创新上不断取得新突破。

坚持节俭办奥运的方针——在筹办工作中注重勤俭节约，珍惜每一种资源，注重赛后利用，促进城市的可持续发展，力争取得良好的经济效益和社会效益。

坚持廉洁办奥运的方针——在筹办工作中始终遵循公开、公平和公正的原则，完善制度、加强监督，举办一届廉洁的奥运会。

坚持全民办奥运的方针——是社会各界共享北京奥运会带来的发展机遇，吸引和激励全中国13亿人民和数千万海外华人华侨关心和支持北京奥运会筹办工作。

城市运行

常态管理和非常态管理的有机结合

2008

中国年谱

奥运你好

把城市安全运行提到一个新高度

奥运会的举办将城市安全运行问题提升到了一个新的高度。国际奥委会根据最近几届奥运会举办的情况，要求从2008年北京奥运会开始，举办城市都要编制详细的《城市运行纲要》，并采取有效措施确保《城市运行纲要》中各项任务的落实。根据国际奥委会的要求，同时结合国家和北京的实际情况，北京市组织编制完成了涉及交通、市政、环保、环卫、气象、防汛、旅游、景观等30个领域的《城市运行纲要》。2006年7月，全部纲要修订完成，并报国际奥委会。2007年和2008年，各编制单位将《城市运行纲要》转化为180余项具体任务，各项任务均顺利落实。这不仅为奥运会在北京举办期间的城市安全运行提供了保障，同时也为今后的城市运行设立了目标，打下了基础。

2008年6月12日，中共中央政治局常委、国家副主席习近平，在北京市实地考察奥运城市交通、环境空气质量以及食品安全工作时强调，在奥运筹办工作最后关键阶段，要聚精会神、心无旁骛地全力做好确保奥运交通顺畅、空气达标、食品安全等工作，把办一届有特色、高水平奥运会和同样精彩的残奥会的要求真正落到实处。

习近平强调，必须按照办一届有特色、高水平奥运会的要求，按照绿色奥运、科技奥运、人文奥运的理念，抓住离奥运开幕不到两个月的宝贵时间，及时发现问题，针对薄弱环节，加大工作力度，实现中央提出的既要让国际奥委会、各国运动员、媒体和来宾满意，又要让人民群众满意的要求。他要求北京市会同中央有关部门和北京周边地区，把确保奥运交通畅通和交通安全结合起来，坚决落实有关管理办法，既确保奥运赛时北京城市交通畅通，又确保城市交通特别是轨道交通运行安全。要围绕环境绿化、市容美化、空气净化，严格落实国务院批准的奥运期间北京空气质量保障措施，加大环境整治和确保空气质量的工作力度，加大执行更加严格的排放标准和控制措施的力度，确保兑现申奥时关于空气质量的承诺。要建立健全奥运食品安全保障机制和长效机制，坚决落实对奥运食品安全的全过程监控机制、全覆盖运行机制和全方位保障机制，确保奥运食品从源头到餐桌的质量安全。

2008年8月4日，北京奥组委召开了有关奥运城市运行保障的新闻发布会。会上就能源与水资源保障、交通组织和大气治理等方面详细介绍了有关奥运期间北京城市运行的完整体系。北京奥运会和市政府新闻发言人刘志列举了相关的八个方面来向媒体阐述了北京奥运会近期的各方运行体系。

能源与水资源保障方面。北京通过集中改造水厂，日供水能力已经达到295万立方米，确保着每天240万立方米城市日常用水及预计奥运期间新增34万立方米的用水要求。同时，全市煤、油、气等能源库存量十分非常充足，有关突发事件的应急预案也进行了针对性的演习。

交通组织方面。为了高标准做好奥运交通运输服务，北京专门制定了奥运交通保障方案。实施机动车单双号、错时上下班等12项配套措施，同时，有关奥运公交专线、三条轨道新线、奥林匹克车道也全力保障着奥运期间北京交通的顺畅运行。

大气治理方面。北京很久之前便开始了大规模的大气污染防治工作，空气质量达标率提高了40%，从7月28日到8月3日，北京连续7天空气质量达到了规定标准。奥运会举办时，北京已经进入了一年中秋高气爽的时期，北京完全有信心保证奥运会、残奥会期间良好的空气质量。

市容环境方面。北京大力开展城市环境治理和建设，已经有效提升了人居环境质量。现有2.3万名职工、2000多部垃圾车和23座垃圾处理设施在保证着城区垃圾的及时清扫。9座大型污水处理厂年污水处理量为8亿立方米，城区污水处理率达到了92%。为了更好地烘托奥运气氛，一些城市景观布置也获得了中外客人的一致好评。

公共卫生方面。为了确保奥运期间的饮水和食品安全，北京奥组委建立了饮水污染物监测点和食品污染物监测网络。在水处理方面我们采用国际先进技术，经过106项指标检测确认水质安全。在食品方面，我们建立了从“农田到餐桌”各个环节的追溯、跟踪和预警机制，实行全程安全监控。除此之外，我们还组建了共计3000余人的37个医疗团队，专门负责奥运会场馆驻地的医疗保障。

市场供应方面。北京严格落实绿色通道和运送鲜活农产品车辆入场费减免、不受单双号行驶限制等政策，严格落实粮油、肉类、鸡蛋等生活必需品的政府储备，严格市场准入，确保着市场供应和食品安全。

旅游接待方面。北京市住宿资源充足，5790家住宿单位、66.5万张床位完全可以满足奥运期间的住宿需求，598户“奥运人家”为海外游客、观众提供了更加丰富的选择。为了进一步做好服务，我们的110紧急救助系统、12345非紧急救助中心和12308奥运观众呼叫中心都有多种语言服务功能，可以为各位来宾提供语言上的服务。

文体活动方面。从8月1日到25日，天安门广场每天都会举行群众性文体活动。奥运期间，国家大剧院、中山公园音乐堂、长安大戏院、保利剧院等演出场所将安排98个艺术团127台969场演出，为中外来宾奉上艺术的饕餮盛宴。这些活动将成为展示中华传统文化、促进世界多元文化交流的极好平台。

奥运期间的城市运行要让大家满意

根据北京奥运会、残奥会总指挥部及运行指挥部的总体安排，自2008年6月1日至10月8日，启动奥运指挥系统，进入赛时运行体制。为切实做好奥运会、残奥会期间（以下统称奥运期间）北京城市运行工作，北京市人民政府2008年6月10日制定了《奥运会残奥会期间北京城市运行工作总体方案》。

《奥运会残奥会期间北京城市运行工作总体方案》的指导思想是，全面贯彻党的十七大精神，深入落实科学发展观，按照市委、市政府关于办好奥运会、残奥会的工作部署，切实履行政府职责，全力保证奥运会、残奥会成功举办和城市生产生活的正常运行，服务国内外运动员、国内外来宾和首都市民，让奥林匹克大家庭成员和全市人民满意；工作原则是，在北京奥运会、残奥会总指挥部及运行指挥部的领导下，坚持常态管理和非常态管理相结合，依托现行政府管理体制，强调各级政府分级负责、主管领导各负其责、政府部门依法履责；依托现行应急管理体系，强化属地政府首控、专业部门处置和市应急委综合调度的职能作用；工作目标是，全面落实举办一届有特色、高水平奥运会的工作要求，实现城市日常运行与奥运特殊时期城市运行的有机结合，努力营造平稳发展的经济环境、安全稳定的社会环境、高效有序的城市运行环境、欢乐祥和的人文环境，确保北京城市运行平稳、安全、有序和高效。

根据部署，奥运期间北京城市运行工作保障重点为，城市运行既要保证城市发展和市民生活的日常需要，又要满足奥运的特殊需求。从政府职责出发，重点做好与举办奥运会、残奥会直接相关的12个方面的城市运行工作。

一是能源和水保障。能源保障：由市发展改革委牵头，会同市商务局、市电力公司等有关部门和单位执行奥运期间能源运行保障方案。预计7~9月间主要能源品种需求量为：最大电力负荷1460万千瓦、天然气12.2亿立方米（其中发电用气7.3亿立方米）、成品油130万吨、电煤220万吨。要落实奥运电、气、油、煤等能源供应计划，奥运场馆均须实现双路以上供电；水保障：由市水务局牵头，会同有关部门执行保障奥运供水和水环境方案。全年计划供水37亿立方米，其中城区用水18.2亿立方米；预计奥运期间最高日需求252万立方米，6~9月按照最高日需求量向城市供水3亿立方米。落实奥运给排水计划，新建34公里奥运场馆供水管线，实现奥运场馆、签约饭店以及重要地区双路供水；市区污水处理率达到92%，再生水回用率达到50%，实现向国际奥委会的承诺；管线综合管理：由市市政管委牵头，会同有关部门执行奥运期间市政管线设施运行保障方案。维护涉及城市生命线的水、电、气、热等综合管线安全。

二是市场供应。物价监控：由市发展改革委牵头，会同有关部门做好奥运期间部分商品和服务价格调控工作。认真履行政府职能，坚决落实价格应对措施，根据需要实施必要价格干预，倡导行业自律，加强行业管理，防止价格异常波动，保持物价基本平稳。原则上，奥运期间不出台新的政府调价措施。打击囤积居奇、扰乱市场的行为，维护市场秩序。重点加强对本市8家批发市场、38家农贸市场、19家超市以及与奥运举办相关的部分商品和服务价格的每日监测工作；金融服务：由市发展改革委（市金融办）牵头，会同市商务局、市旅游局等有关部门，协助人民银行营业管理部执行奥运支付环境建设方案。积极支持在京金融机构开发便利快捷的金融产品和服务，在特色商业区和重点景区推广使用银行卡。到6月底，奥运场馆及周边地区的商业服务网点、重点商务区、商业街区、旅游景区能够受理人民币卡和外卡的特约商户普及率达到90%以上；商品供给：由市商务局牵头，会同市交通委、市农委、市农业局、市粮食局等有关部门执行生活必需品供应商业服务业奥运期间外围保障工作方案。做好粮油、蔬菜、肉蛋奶等基本生活必需品为主的商品供给，主动协调周边省区市，保障市场衔接顺畅。加强运输调度，缓解区域、结构、时段的不平衡引起的供应紧张。充分考虑奥运需求，完善重要物资储备制度。鼓励企业适当增加商业库存，特别是增加粮油等小包装库存，以备市场应急投放。

三是通信保障和信息安全。由市信息办牵头，会同市通信局、市公安局、市安全局等有关部门执行奥运通信和信息安全保障方案。保障本市政务网络、公共信息网络的基础设施与信息安全。统筹组织本市通信资源，为应对各类突发公共事件提供应急通信保障。做好奥运专属无线电的保障和管理工作。加强奥运场馆及周边区域的电磁环境监测，开展以奥运频段和奥运区域为重点的清理整顿工作，努力为奥运创造良好的电磁环境。奥运期间，实现本市涉奥区域移动通信信号100%覆盖。

四是安全生产。由市安全生产监督局牵头，会同市国资委、市质量技术监督局等有关部门执行奥运安全生产保障方案。加强对煤矿、非煤矿山、危险化学品、烟花爆竹等高危行业的安全监督管理，做好安全生产综合监督管理及特种设备安全运行工作。5月27日至9月17日，对部分化学品销售实行严格的实名制和登记制度。对奥运场馆、驻地及行车路线周边的生产经营单位进行全面监管，及时排查消除各类事故隐患。依法采取安全生产管理措施，严密监控危险化学品生产、储存、经营单位安全生产状况。落实生产安全事故应急救援队伍、装备和物资，随时应对突发生产安全事故。6~7月间，在全市范围开展安全生产大检查活动。

五是交通组织。由市交通委牵头，会同市公安局、市工业促进局、市环保局等有关部门执行奥运交通保障方案，采取交通限行和公共交通保障措施：一是设置奥林匹克专用车道，供持有奥运专用车证车辆行驶；二是在7月1日至9月20日期间，分阶段削减机动车总量，黄标车全天禁止上路行驶，实施机动车单双号行驶；三是提高公共汽车、地铁、出租汽车等交通运输能力，满足乘客出行需要；四是本市各级机关、企事业单位实行错峰上下班；五是对外地进京、过境车辆分别实行限行和绕行措施；六是保证生产、生活和应急工作等方面的特殊需要，制定执行交通运输保障措施。同时，加强对本市6个奥运公交场站的安全管理工作。保证交通设施安全运行，提高道路交通安全水平。执行奥运期间地铁重大安全运营突发公共事件防范和处置工作方案。采取提高运力、加强客流疏导、完善系统保障等综合措施，防范大客流冲击、重大火灾事故、大面积停电、恐怖袭击等突发公共事件发生。6月13日至9月20日，在本市轨道交通站点和省际道路旅客运输站实施安检。

六是大气治理。由市环保局牵头，会同有关部门和区县政府执行奥运空气质量保障措施和第十四阶段控制大气污染措施。加紧推进落实各项工作任务，加强机动车管理，对重点污染企业实行停产和限产，实施燃煤设施污染减排，减少有机废气排放，实行极端不利气象条件下的污染控制应急措施。确保奥运期间，在不受京外污染源影响的情况下，本市有良好的空气质量，实现向国际奥委会的承诺。5~9月间，全市开展秸秆禁烧工作，联络周边省区市支持配合。6月底前，各燃煤电厂完成脱硝工程并投入运行，东方石油化工公司有机化工厂等实现停产；公交、邮政等行业完成2300辆黄标车的淘汰和2600辆黄标车的治理；全市加油站、油罐车和储油库完成油气回收治理。自7月1日起，在京销售和注册的公交、环卫、邮政重型柴油车执行国Ⅳ标准。

七是市容环境。由市市政管委、市“2008”环境建设指挥部办公室、市园林绿化局分别牵头，会同市城管执法局等有关部门和区县政府执行奥运城市景观规划、城市绿化美化保障方案及城市秩序治理整顿行动工作方案。巩固综合整治成果，抓好户外广告控制，绿化美化城市环境。奥运期间，城市垃圾分类收集率、车行道机扫率和城市生活垃圾资源化率分别达到50%、85%和30%。在奥运场馆周边设置临时厕位达到800个（其中无障碍厕位占10%），满足奥运需要。做好以奥运元素为中心的城市景观设置，维护涉奥场所周边及重要地区的市容环境秩序。

八是旅游接待。由市旅游局牵头，会同市公安局、市政府食品安全办、市商务局、市卫生局、市城管执法局等有关部门和相关区县政府执行奥运住宿接待服务工作方案。检查指导现有119家奥运签约饭店服务质量，会同相关部门确定签约饭店和签约价格。协调组织境内外观众和游客住宿服务接待，提高服务管理水平。加强重点旅游景区景点的服务接待组织和旅游秩序维护工作。

九是文体活动。由市文化局、市体育局牵头，会同市文物局、市广播电视局等有关部门执行城市奥运文化活动总体方案。按照“注重质量、注重安全”的要求，精心组织好各类文化体育活动和市内火炬接力，密切配合做好奥运会、残奥会开闭幕式运行工作。对在26个奥运文化广场举办的活动（包括电视大屏幕运行），要切实做好电力、交通、安保等后勤服务保障工作。同时，抓紧开展奥运博物馆、《中国记忆——5000年文明瑰宝展》等涉奥重要文化设施和活动的筹备工作，配合做好“同一个世界，同一个梦想”大型主题展览的筹备工作。

十是公共卫生。食品安全：由市政府食品安全办牵头，会同市卫生局等有关部门执行奥运食品安全行动纲要、奥运期间食品安全保障方案（外围）和奥运食品安全赛前监控方案。食品安全实行分级保障，建立政府主导供应网络，完善奥运场馆、驻地及其周边保障工作。全面启用奥运食品安全追溯系统，全程监控奥运食品供应基地、物流配送中心、运输车辆、餐饮服务场所等，确保不发生食物中毒等食品安全事件；卫生防疫：由市卫生局牵头，会同市药品监督局等有关部门执行公共卫生应急体系建设方案。保障城市医疗和奥运场馆医疗服务。确定24家奥运定点医疗机构，在奥运竞赛、非竞赛和训练场馆内设置156个急救站，配备约1800名医务人员、190辆急救车。建立健全各类重大传染病、病媒生物及公共卫生监测预警网络，提高发现、识别、处置能力。落实应对各类突发公共事件的医药物资储备任务；动物疫情防控：由市农业局牵头，会同有关部门执行奥运期间重大动物疫情相关应急预案、健康奥运病媒生物控制行动计划和奥运期间病媒生物危害预测及应对措施。加强重大动物疫情的监测，尤其要加大奥运场馆、奥运村及周边环境监测力度，完善落实现有的综合防控措施。密切关注国内外的疫情信息，防止外埠疫情传入。加强部门间的信息沟通与共享，强化相关部门间的协作联动机制。制定限制外埠动物和非基地禽类进京的临时性政策，保证各项防控措施的落实。

十一是社会治安。由市公安局、首都综治办牵头，会同市安全局、市信访办、市邮政局等有关部门和区县政府，执行奥运安保方案和奥运北京赛区处置规模性群体事件工作方案。加强情报信息的搜集和研判，落实涉奥地区和涉奥重要活动的安全保卫措施，做好奥运期间各类大型活动的安全保卫工作。加强各类外来人群的服务管理，做好涉外案事件和规模性群体性事件及极端个人行为的处置工作。实施群防群治，有效做好社会防范工作。依法严厉打击各种违法犯罪活动，加强邮政服务和邮路安全保障工作，强化社会治安管理和各项安全检查，净化社会治安环境。

十二是防灾减灾。由市水务局、市地震局分别牵头，会同市民政局、市民防局、市气象局、市国土局、市地勘局、市公安局、市消防局等有关部门，执行奥运地震应急预案、奥运期间北京突发地质灾害风险控制与应急准备工作方案及防汛工作预案。科学预测，完善预案，防范地震、汛涝、火灾等灾害。加强暴雨、高温等气象灾害的监测预警，及时发布预测预警信息。做好奥运会、残奥会开闭幕式人工消（减）雨预案和工作。加强组织演练，增强防范处置能力。做好地下空间安全使用管理工作。组织开展本市29个应急避难场所检查，确保避难场所具备随时启用的条件。

根据奥运工作重点时间节点，北京市城市运行工作分为三个阶段：

（一）赛前准备阶段（6月1日至7月19日）。承担本方案各项工作任务的责任部门及相关区县政府，要本着“人员到岗、职责明确、任务落实、运转高效”的原则，在本阶段重点抓好以下工作：6月上旬，细化方案。各单位要结合职责分工，进一步完善细化本部门、本地区工作方案、预案，明确任务，落实责任，确保人员到岗、措施到位。6月中旬，组织演练。继续加强综合技术和专业队伍的组织演练，针对存在的不同安全风险，深入研究并积极采取防范措施，有效控制和防范风险的发生。6月下旬，检查验收。对存在的各类安全隐患，要加强日常巡查、专项抽查，及时组织力量加以整改并排除。在6月底前，各项工作全部就绪。7月1日，开始城市运行数据采集、监测和信息报送工作。7月20日前，逐步进入赛时阶段。7月上中旬，市政府将适时对各区县、各部门落实情况进行检查。

（二）赛时运行阶段（7月20日至9月20日）。7月20日至8月7日，巩固赛前准备阶段的各项工作成果，深入查找问题，坚决堵塞漏洞，平稳进入赛时运行状态。8月8日至9月20日，全面执行本方案的各项措施和要求，做好赛时和转换期的各项保障工作，确保城市运行平稳、安全、有序和高效。

（三）赛后收尾阶段（9月21日至10月8日）。在残奥会结束后，结合奥运会、残奥会总结会和国庆节假日工作，认真做好奥运期间城市运行总结和收尾工作，逐步转入日常城市管理和运行机制。

同时，《奥运会残奥会期间北京城市运行工作总体方案》对城市运行工作作了具体要求：

一是加强领导落实责任。奥运期间，在北京奥运会、残奥会总指挥部及运行指挥部的领导下，市政府负责城市日常管理和城市运行保障工作，市应急委负责领导各专项应急指挥部和各类应急抢险救援队伍做好各类突发公共事件的预防和应对工作。原则上，以奥运场馆安保红线为界，红线以外城市运行工作由市、区两级政府按照部门履职和属地管理负责保障，红线以内由奥运场馆运行团队重点负责保障。按照奥运融合体制和奥运场馆“双向进入”的领导体制，形成内外沟通、协调、联动机制。对于奥运场馆内出现的突发公共事件，按照本市各类突发公共事件应急预案处置。在市政府及各区县奥运筹办和赛事保障工作领导小组的领导下，各区县政府由区县长挂帅，负责本行政区域内的城市日常管理和城市运行保障工作，要明确责任，狠抓落实。在市应急委和区县委、区县政府的领导下，各区县应急委负责做好各类突发公共事件的预防和应对工作。市政府各工作部门由主要领导同志负总责，依法履行职责，加强协调配合，做好城市日常管理和城市运行保障工作。市政府办公厅承担城市运行调度平台职能，依托市政府总值班室构建城市运行联合值班室。根据工作需要，市政府总值班室要建立与运行指挥部调度中心、工程设施保障组等相关部门的工作协调机制，加强信息沟通，切实满足奥运城市运行工作的特殊需求。市“2008”环境建设指挥部办公室依托市市政管委的城市管理系统，建设市“2008”城市运行监测平台，负责开展城市运行指标信息的采集和监测工作。

二是严密监控运行状态。依托市“2008”城市运行监测平台和市信息化城市管理系统，采集和汇总本方案12个方面涉及城市日常运行各项体征数据和信息，充实、完善现有城市运行体征统计系统，做好“城市运行体征指标日报”和“城市运行指标信息发布”报送工作；通过紧急报警服务系统和非紧急救助服务中心，建立完善信息通报与共享机制，及时提供城市运行保障的主要数据与信息。密切与运行指挥部调度中心的沟通联络，实现与市应急指挥中心信息资源的互通互融和相互备份。

三是加强重点地区管理。按照市、区县两级负责，属地管理与部门履责相结合的原则，强化天安门地区、首都机场外围等重点地区和重点交通枢纽的社会秩序管理工作，建立相互间的联系沟通和应急联动机制。由首都综治办、市公安局牵头，会同市安全局、市信访办等有关部门和区县政府具体落实。

四是有效化解安全风险。执行奥运期间北京城市公共安全风险控制与应急准备工作方案。在对城市公共安全风险实行32类、250项风险分类的基础上，结合158项涉奥市级挂账安全隐患排查整改工作，通过采取工程、技术、管理等措施，抓紧在奥运会前消除绝大多数风险；对暂时无法消除的，要采取特殊控制措施，最大限度地降低风险；对极少数很难有效控制的风险，要充分做好应急处置准备。

五是果断处置突发事件。全面启动全市应急机制，本市各专项应急指挥部、各区县应急委和各类应急抢险救援队伍进入应急准备状态。加强应急值守，严格执行领导带班及赶赴现场处置突发公共事件制度；加强信息报告，及时提供信息保障和决策服务；加强新闻发布和社会舆情引导，营造良好的舆论氛围；加强应急指挥技术平台维护，保障全市应急指挥技术系统正常运转。

六是营造祥和社会氛围。结合奥运特点，推进“迎奥运、讲文明、树新风”活动，深入开展社会公德、文明礼仪、奥运知识、赛场规则等方面的宣传教育，实施“礼仪、环境、秩序、服务和赛场”五大文明行动，做好志愿者服务，不断提高窗口行业单位的业务技能和服务水平。全面动员各行业、各方面的力量，参与奥运、奉献奥运，以意气风发的精神风貌、文明健康的社会风尚、热情友好的赛场秩序，展示北京的良好形象。深入细致做好工作，确保实现“五无”目标。发动基层自治组织和广大市民，发挥其在首都城市管理中的主体作用，共同创造安定有序、欢乐祥和的社会氛围。

七是严格任务督察考核。2008年初，市政府编制的市政府折子工程、59件实事、奥运倒排期工程、安全隐患排查整改、大气污染治理和环境建设、新农村建设等六大“折子工程”，涉及奥运工作共486项，由各责任单位按时限要求抓好落实。对于本方案涉及的各项工作任务，由市政府督察室会同有关部门负责督促检查。

城市环境卫生运行怎样实现高水平有特色

在赛前和赛时，组织协调相关部门和单位，做好奥运场馆安保线外的清扫保洁工作，为市民和奥运会所有客户提供一个干净、整洁的城市环境。在奥运会清洁与废弃物管理活动中，突出“绿色奥运、科技奥运、人文奥运”主题，建立清洁与废弃物管理运行系统，提供高水平、有特色的优质服务。

按照清洁与废弃物管理系统运行计划，做好废弃物分类收集、清运、处理工作，实现市区主要车行道机械化清扫率和洒水率达到100%、城市生活垃圾分类收集率达到50%、垃圾资源综合利用率达到30%的承诺目标，创造与北京奥运盛会相匹配的整洁、优美、和谐、有序的城市环境。

提高城区垃圾无害化处理率。城八区垃圾无害化处理率：2005年达到94%；2006年达到96%；2007年达到97%；2008年达到98%。郊区垃圾无害化处理率：2005年达到35%；2006年达到40%；2007年达到45%；2008年达到50%。其他不具备条件的地区，积极创造条件，因地制宜，按照规划要求在指定地点进行简易处理。

扩大垃圾密闭化管理范围。2008年前，对我市各卫星城、乡镇政府所在地和便于收集运输的平原地区的垃圾，全部收集到规范的处理场进行处理。2004年我市已完成六环路内地区的生活垃圾收集设施建设。到2008年各卫星城和便于收集运输的平原地区生活垃圾全部实现规范化收集管理。

建立医疗废物集中处理系统。在切实加强医疗废物安全管理的同时，新建两座医疗废物集中处理设施。2005年建成南宫、高安屯两座医疗废物集中处理设施，达到日处理60吨的能力，全市医疗废物全部纳入规范化安全管理。

规范餐厨垃圾的集中收集、运输和处理。2004年底前城区已建成两条餐厨垃圾处理线，具备每日170吨的处理能力。到2008年达到每日1200吨的处理能力，基本实现对餐厨垃圾的规范管理。

完善全市的粪便集中消纳系统。2004年城区已建成10座粪便消纳站，粪便集中处理率达到93%。到2008年城区粪便集中处理率达到98%，郊区卫星城达到80%。

加快公厕改造工作。在进一步抓好公厕管理的同时，对我市未达标公厕进行全面的改造，使我市公厕建设、管理和服务水平普遍提高。

强化城市容貌管理，全面提升城市容貌和环境卫生质量，为奥运会提供良好的城市环境，为人民群众创造整洁、优美、文明的工作和生活环境。

提高社会公众的环境意识和公共卫生道德水平，促进废弃物分类回收和资源化工作全面、协调、可持续发展，为城市市容环境卫生建设留下丰厚的遗产。

城市旅游服务怎样让人满意

按照“新北京、新奥运”的指导思想，通过改进城市旅游硬件设施和提升服务水平，向2008年奥运会与残奥会的观众与游客，提供优质的、满意的旅游、住宿和其他服务，促进北京市旅游业的发展。根据部署，奥运赛时角色分为七类。

一是指挥角色。奥运会与残奥会筹备及赛事期间城市旅游服务的总指挥。即：市内观众住宿接待设施的准备和观众、游客住宿预定事务的总指挥；赛时住宿接待的总指挥；北京市旅游宣传工作的总指挥；旅游相关环境建设工作的总指挥；旅游接待人员外语培训工作的总指挥。

二是政策制定角色。奥运会与残奥会赛前和赛时旅游服务政策的制定者。即：奥运期间旅游观众住宿预定、住宿接待的相关政策和措施的制定；针对性的奥运旅游宣传政策和措施的制定；奥运旅游配套的环境建设政策或规章的制定；奥运旅游接待人员外语培训的相关政策和办法的制定。

三是政策执行角色。奥运会与残奥会筹备及赛事期间奥组委以及市政府相关政策的执行者。严格、高效地执行奥组委的相关政策、规定；严格、高效地执行市政府关于奥运旅游的相关政策、规定。

四是资源、条件提供角色。奥运会与残奥会赛前和赛时旅游服务资源、条件的提供者。协调市内旅游接待设施，为观众、游客提供方便的住宿预定和舒适的住宿接待设施；在旅游区（点）提供双语标牌和奥运会指路标志系统等指向设施；整体包装、宣传北京奥运旅游形象，为市内旅游企业提供对外宣传、推广条件和资源；为旅游接待人员提供外语培训、考核的机会与条件。

五是配合角色。奥运会与残奥会赛前和赛时，在城市旅游服务方面，奥组委及其他相关部门工作配合者。配合奥组委的2008北京奥运会的相关筹备工作；配合相关部门有关奥运会工作的开展。

六是协调角色。奥运会与残奥会赛前和赛时，旅游业内部各部门、各行业间关系的协调者。住宿、旅游观光各部门在奥运旅游接待工作中的关系协调，同时配合餐饮、交通、购物和娱乐主管部门的工作；市旅游局落实奥运会工作领导小组各小组间的工作配合和衔接。

七是其他角色。奥运会与残奥会赛前和赛时，配合奥组委和相关单位在为观众、游客提供旅游服务时所扮演的其他角色。

服务对象概览和服务水平

外部客户	服务需求	服务水平	残奥会不同处
境外观众、游客	票务、语言、住宿、饮食、娱乐、购物	提供从星级饭店到社会旅馆、青年旅社等不同住宿服务水平；不同餐饮、娱乐、购物服务水平。	部分残疾游客要求提供无障碍旅游设施；客户规模小
境内观众、游客	票务、住宿、饮食、娱乐、购物	提供从星级饭店到社会旅馆、青年旅社等不同住宿服务水平；不同餐饮、娱乐、购物服务水平。	部分残疾游客要求提供无障碍旅游设施，客户规模小

赛时本领域的工作任务

本领域的工作任务	牵头单位	配合部门	时间	残奥会的不同之处
1. 咨询信息服务和宣传工作				
提供及时的城市旅游信息	市旅游局	奥组委、各旅游企业	赛前、赛时	无
参与奥运文化推广活动，营造城市奥运会欢乐庆典的文化氛围	市文化局等相关部门	市旅游局	赛前、赛时	无
2. 基础设施建设				
星级饭店无障碍设施	市旅游局	各星级饭店	赛前、赛时	此项只针对残奥会

续表

本领域的工作任务	牵头单位	配合部门	时间	残奥会的不同之处
3.住宿资源、加强外语服务、监督服务质量				
根据奥运会期间观众、游客人数，及时调配住宿资源	市旅游局	各星级酒店、社会旅馆等住宿接待单位	赛时	配套无障碍旅游设施
协助相关部门监督、调控市内旅游星级饭店客房价格情况	市发改委	市旅游局、旅游饭店分会、各星级饭店、	赛前、赛时	无
监督旅游星级饭店、宾馆、社会旅馆、招待所的服务质量等接待情况	市旅游局	市商务局、北京市旅游协会饭店业分会	赛时	无障碍旅游服务需求
对导游员服务质量的监督	市旅游局	各旅行社	赛前、赛时	对聋哑人提供手语导游

赛时非本领域内的工作任务

非本领域的工作任务	负责单位
奥运场馆及相关设施内住宿、餐饮及购物等服务接待	北京奥组委
城市路标系统、赞助商广告牌管理等	市政管委
旅游赞助商、供应商和特许经营商的选择与审核申请	奥组委市场开发部
旅游餐饮与购物	市交通委
旅游餐饮与购物	市商务局
旅游文体娱乐活动	市文化局
观众赛事票务的发售和管理	奥组委市场开放部
旅游安全`	市公安局

餐饮、购物服务运行纲要研究

2005年7月，北京奥运食品安全专家委员会正式成立，标志着《北京奥运食品安全行动计划》全面启动。北京奥运食品安全专家委员会共有15位成员，由来自国家兴奋剂检测中心等单位的7位国内专家和直接参与过巴塞罗那、悉尼、雅典等历届奥运会食品安全工作的8位国外专家组成。2005年10月，《2008年北京奥运食品安全行动纲要》通过并实施。食品安全监督管理组织体系、食品安全监测网络体系、食品安全信用体系三大体系已经建立健全。

据北京奥运食品安全专家委员会专家介绍，奥运会期间监控食品为65类3900种，已提前两年对备选的奥运食品定点供应基地进行抽样检测，只有连续检测合格的食品才可供应奥运会。中国政府和北京奥组委高度重视奥运会食品安全问题，并成立了食品安全协调小组，对所有进入奥运场馆的食品设定统一物流编码，实现从生产基地到加工企业、物流配送中心、再到场馆的全过程监控环环相扣，可以最大限度地监控食物的重金属和农药残留，以减少污染情况的出现。通过检测标准与跟踪系统，让端上餐桌的粮食、蔬菜和肉类安全可靠。按照“新北京、新奥运”的要求，向全体参赛运动员、赛事工作人员、观众和城市居民提供安全、舒适的城市餐饮和购物服务，以实现成功举办一届有特色、高水平奥运会的目标。

赛时角色及职责

角色	职　责
指挥者	组织城市餐饮、购物服务接待工作，包括餐饮、商业行业服务质量的提升，北京餐饮、商业行业的总体宣传，以及对餐饮服务人员的培训等。
政策制定者	研究制定餐饮业服务质量标准和餐饮企业等级评定标准，制定餐饮业服务培训相关政策；制定行业自律、诚信建设以及服务达标等方面的规范标准。
政策执行者	执行奥组委以及市政府相关政策，落实餐饮、商业行业政策。
配合者	配合奥组委以及其他相关部门开展工作。
协调者	协调其他部门及行业协会共同做好城市餐饮和购物服务工作。

续表

角色	职 责
政策执行者	执行奥组委以及市政府相关政策，落实餐饮、商业行业政策。
资源条件提供者	提供形式多样的餐饮服务以及多种购物选择。

服务对象概览和服务水平

外部客户	行为模式	服务需求	服务水平
境内外观众和旅游者	就餐	卫生；安全；可选择餐饮风味多样，满足民族饮食习惯要求。	根据企业等级不同，服务水平标准不同，基本达到卫生、安全的要求。
境内外观众和旅游者	购物		热情、周到，提供丰富的商品和服务。

赛时本领域的工作任务

本领域的工作任务	牵头单位	配合部门
监督管理明确为奥运服务的风味餐饮和清真餐饮企业	市商务局	各区县、市饮食协会、市烹饪协会、市西餐协会
监督管理各主要商业街区餐饮企业	市商务局	各区县、市区协会、商业街管委会
监督管理重点餐饮街	市商务局	餐饮街所在区县、市区协会
监督管理重点地区的消夏夜市	市商务局	各区县、市区协会
推荐奥运餐饮服务企业名单	市商务局	市区行业协会、市商业信息咨询中心
编制多种语言的餐饮服务消费手册，赛时发售	市商务局	各区县、市区协会、市商业信息咨询中心
餐饮企业的赛时经营监测	市商务局	市商业信息咨询中心
检查赛时餐饮企业双语服务情况	市商务局	各区县、市区协会
开发与旅游相关商品，举办高水平的特色购物节	市商务局	各区县

续表

本领域的工作任务	牵头单位	配合部门
协助奥组委确定奥运餐饮合作伙伴	市商务局	市食品安全办、市质监局、市卫生局、市农业局
开展国内餐饮关于企业、物资、人力方面的调研	市商务局	市商业信息咨询中心
参与奥运餐饮服务商的招标工作以及餐饮物资的采购工作	市商务局	市食品安全办、市质监局、市卫生局、市农业局

赛时非本领域的工作任务

非本领域的工作任务	负责单位	残奥会是否也将此任务排除在外（是/否）
对餐饮企业的卫生管理	市卫生局	是
对无照经营餐饮的管理	市工商局	是
对室外餐饮的管理	市城管执法局、市公安局、市卫生局、市工商局、市路政局	是
对餐饮企业安全的管理	市安全生产监督管理局	是
制定餐饮行业标准	市质监局	是
对餐饮企业油烟排放的管理	市环保局	是
星级宾馆内餐饮企业的管理	市旅游局	是

城市景观建设的完美结合

奥运城市景观建设是添彩工程，也是2008年环境建设的一项主要任务。根据规划，“两区、两轴、一线、七类地区”将是景观建设的重点地区。两区为奥林匹克中心区和天安门广场地区；两轴为南北中轴线和东西长安街轴线；一线为机场高速公路；七类地区为奥运场馆地区、城市主要干道、文化活动广场、主要商业街区、历史文化街区、名胜古迹地区和其他城市地区。景观建设手法有十多种，包括大型雕塑、灯杆挂旗、绿化美化、充气造型灯等。2008年北京奥运会城市景观以塑造北京现代与传统完美结合的形象为目标。

首先，积极形成鲜明的北京古都风貌。在城区范围内，通过恢复和集中成片整治，在北京中轴线、朝阜路沿线、什刹海风景区、国子监古建筑区、琉璃厂商业区、皇城景区、钟鼓楼古街市景区等体现古都文化的地区进行风貌恢复、环境整治和环境建设，达到北京历史文化名城格局基本完整、特色鲜明的效果。对已公布的40片历史文化保护区制定翔实的保护和利用规划，有效控制保护区周围新建筑的高度、体量、色彩等。通过专项整治，再现京城水系和古典园林的历史风貌。

其次，北京城市环境整体水平明显提升。全面整治城市环境，拆除各类违法建设，加强户外广告管理，建设和完善全市城乡生活垃圾收容设施，实施架空线入地，搞好城市建筑物的美化工作。推进城市绿化美化，搞好城市干道、街巷和水系的绿化，完成市区255条主要大街的绿化改造，广泛进行立体绿化；增加市区水面，营造水面景观；建设好市区中心大面积公共绿地（公园），建成50块1万平方米以上以乔木为主的大型绿地；完善郊区卫星城和33个中心镇绿化体系。2007年，全市城市绿化覆盖率力争达到45%。

北京奥运城市景观建设在城市环境面貌整体提高的基础上，运用各类奥运会主题元素和多种表现手法突出体现“新北京、新奥运”的主题和“绿色奥运、科技奥运、人文奥运”的奥运理念，并充分表达“更快、更高、更强”的奥林匹克精神与“和平、友谊、进步”的奥运宗旨。同时充分展示北京的建设成就和崭新的城市面貌，充分展现华夏文明的悠远博大，做到现代风貌与传统意蕴的完美结合。不仅展现首都的城市风采，更要展现出中华民族的精神风貌，为“同一个世界，同一个梦想”做出良好诠释，创造出“高雅清新、简约明快、恢弘大气、热烈欢快”的氛围，为奥运会的举办创造良好的环境。

赛时角色及职责

角色	职　责
城市景观建设的督促机构	根据城市景观建设规划及实施方案的要求，以及奥运会对城市景观建设的标准，提出相应的城市景观建设规划及实施方案，按照相应部门的不同职责，制定城市景观建设具体实施安排，根据时间进度督促相应的部门在奥运会开幕前完成各自职责内的城市景观建设及布置工作。
城市景观效果的检查机构	根据城市景观建设规划及实施方案的标准，以及奥运会对城市景观建设的具体要求，检查全市城市景观建设及布置效果，及时发现存在的问题并给予纠正。
城市景观建设的综合协调机构	在城市景观建设方面与奥运会相关部门建立良好的沟通渠道，及时了解奥运会对城市景观建设的需求，适时调整规划、实施方案、工作内容及工作进度。综合协调城市景观建设各相关部门和单位，根据各自工作职责、实际情况和总体工作安排进行资源调配、任务分派，整合城市景观建设各元素的运用，及时调整各元素的比重，使城市景观建设协调推进、合理配置，各部门和单位的工作统一步调、高效运转。
城市景观运行保障的应急处理机构	由各相关部门和单位建立全市城市景观运行保障体系，通过应急信息中心、全天候巡查制度，及时发送和反馈城市景观相关运转信息，及时处理和解决出现的问题，严格保障奥运会赛时各城市景观运转有效。

赛时本领域的工作任务

序号	本领域的工作任务	牵头单位	配合部门
1	城市景观规划的制定	市政管委	市规划委、市园林局、市旅游局、市文物局、市体育局、相关区政府等
2	各类城市景观的设计	市政管委	市园林局、市旅游局、市文物局、市体育局、相关区政府及相关景观制作单位等
3	城市景观规划的实施	市政管委	相关区政府及地区管理部门、市园林局及相关景观制作单位等
4	提供部分城市景观建设资金	市政管委	市发改委、市财政局
5	城市景观应急处理	市政管委	相关区政府、市城管执法局、市园林局、市供电局、市路灯管理中心、市规划委、市气象局及相关景观制作单位

续表

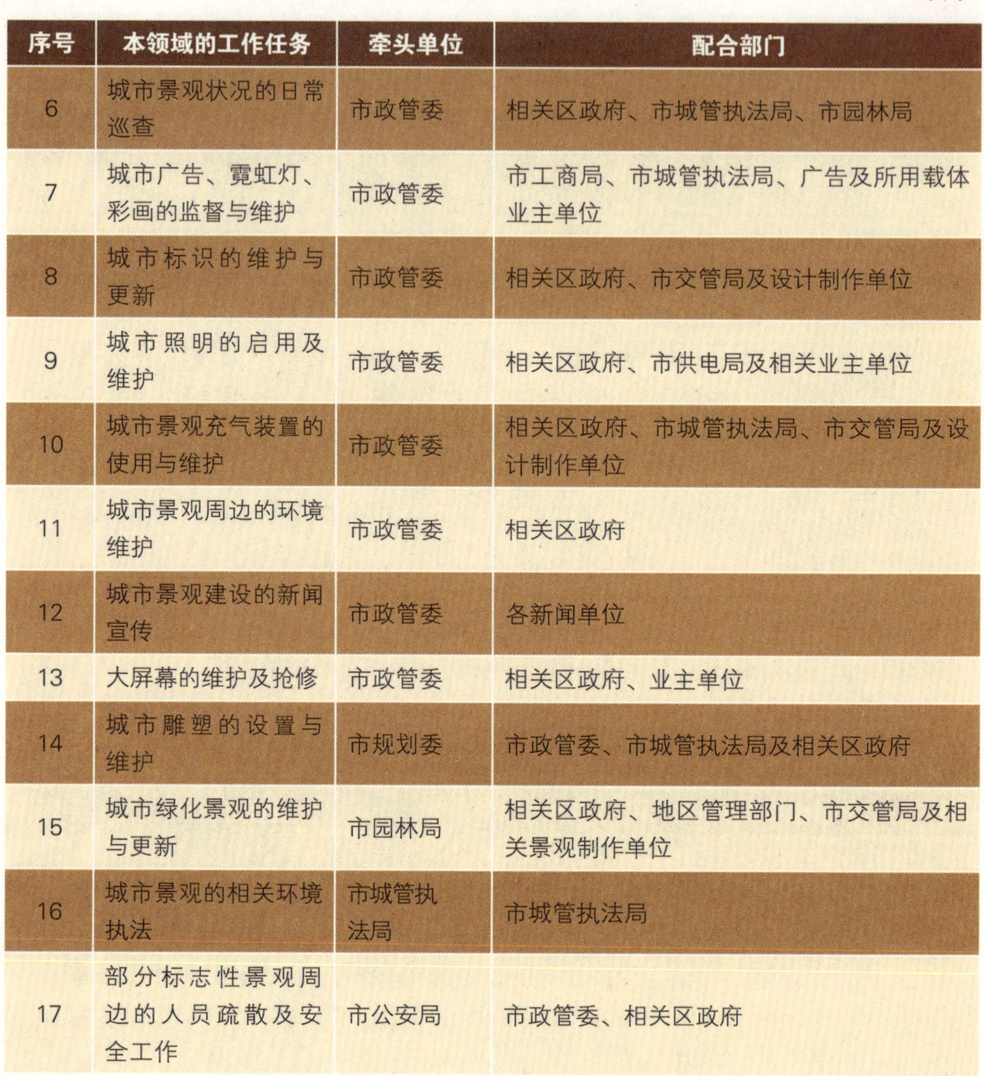

序号	本领域的工作任务	牵头单位	配合部门
6	城市景观状况的日常巡查	市政管委	相关区政府、市城管执法局、市园林局
7	城市广告、霓虹灯、彩画的监督与维护	市政管委	市工商局、市城管执法局、广告及所用载体业主单位
8	城市标识的维护与更新	市政管委	相关区政府、市交管局及设计制作单位
9	城市照明的启用及维护	市政管委	相关区政府、市供电局及相关业主单位
10	城市景观充气装置的使用与维护	市政管委	相关区政府、市城管执法局、市交管局及设计制作单位
11	城市景观周边的环境维护	市政管委	相关区政府
12	城市景观建设的新闻宣传	市政管委	各新闻单位
13	大屏幕的维护及抢修	市政管委	相关区政府、业主单位
14	城市雕塑的设置与维护	市规划委	市政管委、市城管执法局及相关区政府
15	城市绿化景观的维护与更新	市园林局	相关区政府、地区管理部门、市交管局及相关景观制作单位
16	城市景观的相关环境执法	市城管执法局	市城管执法局
17	部分标志性景观周边的人员疏散及安全工作	市公安局	市政管委、相关区政府

城市文化活动形成品牌提高品位

文化力是现代社会发展的精神动力、智力支持和思想保证，是城市软实力的根本体现。为办好2008年北京奥运会，“北京2008”城市奥运文化活动总体方案于2008年1月10日出台。奥运文化活动分为“奥林匹克文化节”和城市文化活动两部分。文化局作为城市文化活动的主管部门，在积极配合奥组委等有关部门举办好“奥林匹克文化节”的同时，主要负责实施地域特色更突出、活动内容更丰富、参与程度更广泛的城市奥运文化活动。

通过实施北京奥运城市文化活动计划，要达到提高市民文明素质，强化市民奥运意识，营造北京奥运氛围；充分展示中华文化，彰显人文奥运理念，提高北京文化品位；借助奥运有利契机，打造优秀文化品牌，带动首都文化发展的总体目标。

奥运城市文化活动的服务对象主要是北京市民、奥运会举办期间在京的外国人、记者、旅游者和外省市人员。服务内容主要包括：“体验中国”文化广场活动、舞台艺术展示活动、“迎奥运”群众文化活动、民族民间文化艺术展示活动、美术雕塑创作与展览活动等。服务方式主要是，在广场、公园、图书馆、文化馆、文化站等公共文化场所举办公益性的群众文化活动；在剧场、茶馆等经营性演出场所组织商业性文化活动。

城市奥运文化活动在奥运会举办期间，将配合奥林匹克文化艺术节活动营造城市整体文化氛围，成为赛时城市文化气氛的营造者、组织者。在政策制定方面，文化局将组织演出行业协会研究制定主要演出场所奥运会期间演出质量标准，出台相关规定，对奥运会期间抢占文化资源，在北京主要演出场所演出质量低劣文艺作品的行为予以限制，确保奥运会期间上演优秀舞台艺术作品。

在资源、条件提供与协调方面，2008年前将按照摸清底数、盘活存量、整合利用的思路，整合北京文化设施资源、整合剧场资源，确保奥运会期间有30个水平较高的剧场投入使用。

利用公园的空间资源、新建一批面向低收入群体的营业性露天演出和露天电影放映场所；利用社会资本，建设朝阳公园马戏演出大棚。确保2007年年底以前，正乙祠戏楼等在建文化设施投入使用。通过协调洽商，争取一部分中央在京单位、部队以及各类社会主体所属有条件经营的演出场所，在奥运会期间对社会开放。借鉴国外文化设施建设的有益经验，选择适合开展文化活动的废弃工业设施予以改造，将其作为开展文化、演出活动的场所。

整合美术展览场所，确保奥运会期间有10个水平较高的场所投入使用。保证现有的专业美术场馆在奥运会期间举办高水平的美术展览。采取租借、改造、征用等方式，形成一批奥运会期间举办美术展陈活动的专用场所。

利用现有公园、文化广场，确保奥运会期间有10个可供举办“体验中国”文化广场活动的大型文化活动场所。

整合人才及艺术资源。充分利用好兄弟省市和首都社会单位的人力资源、智力资源和艺术资源，参与举办各类奥运文化活动。充分发挥文化企事业单位的作用，挖掘首都的存量文化资源，吸引各地高水平的文化产品或项目进京演出、举办展览，确保奥运会期间文化活动的规模和质量。在“体验中国”奥运文化广场等重要的奥运文化专项活动中，广招项目策划与管理人才，充实组织管理机构。

根据国际奥组委的要求，京外赛区协办城市奥运文化广场的举办要同北京奥运文化广场在内容上、形式上保持统一，同时根据不同的城市特点，增添不同的文化特色活动，从而把奥运文化广场办成具有“中国风格、人文风采、时代风貌、大众参与”的高水平城市文化活动。1月18日，北京奥组委与京外赛区城市青岛、天津、上海、沈阳、秦皇岛共同签署了《奥运文化广场谅解备忘录》。这个文件的签署，将为北京奥运会期间做好京外赛区城市奥运文化广场工作提供可靠的指导依据。

奥运文化广场活动的主要内容包括：设立电视大屏幕供公众同步观看奥运会比赛盛况；举办有中外艺术家参加的露天文艺演出和露天主题展览；设立奥运赞助企业的活动展示区、奥运特许商品专卖区和奥运纪念品交换区；同时将提供饮食、安保和医疗急救服务等，向中外游客免费开放。

北京奥组委执行副主席蒋效愚认为，奥运文化广场作为奥运文化活动的重要内容之一，是奥运会期间的一项大型综合性文化活动。做好奥运文化广场工作，能充分体现北京奥运会“人文奥运”的理念和奥林匹克精神的核心内容，对支持奥运、宣传奥运和成功举办奥运都将起到重要的推动作用。

赛时本领域的工作任务与非本领域内的工作任务

本领域的工作任务	牵头单位	配合部门	指导部门
在2008年奥运会举办期间，借助中国传统的文化庙会形式，依托10个公园或文化广场，举办“体验中国”文化广场活动。	市文化局	市园林局、市教委、市财政局、市公安局、市交通局、市消防局、市残联、团市委、供电公司、有关区政府、区文委等	市委宣传部、市政府办公厅、奥组委文化活动部
做好北京国际戏剧演出季、北京国际音乐节暨国际交响乐演出季、北京国际舞蹈演出季、北京国际木偶艺术节、“相约北京”联欢活动、奥林匹克文化节等六项活动，每年荟萃200场由国内外著名团体、艺术家和优秀舞台艺术作品构成的具有国际水准的演出活动。	市文化局	市园林局、市教委、市财政局、市公安局、市交通局、市消防局、市残联、团市委、供电公司、有关区政府、区文委等	市委宣传部、市政府办公厅、奥组委文化活动部
2008年6月23日—9月30日的100天内，在北京30个主要演出场所，提供1000场高水平大型舞台演出；在8个露天营业演出场所，安排300场高水平大型演出。在运动会举办的15天内，将减少演出的数量，突出精品，便于来宾观看比赛。	市文化局	市园林局、市教委、市财政局、市公安局、市交通局、市消防局、市残联、团市委、供电公司、有关区政府、区文委等	市委宣传部、市政府办公厅、奥组委文化活动部
2008年奥运会期间，统筹安排东苑戏楼、正乙祠戏楼、天桥乐茶园、湖广会馆、老舍茶馆、恭王府戏楼、大观园戏楼、广德楼戏园等8个中式剧场，展演中国传统戏曲、曲艺及其他民俗类传统节目，在奥运会期间形成专门展示中华优秀传统戏曲的系列演出活动。	市文化局	市旅游局、市文物局、市财政局、区文委等	

续表

本领域的工作任务	牵头单位	配合部门	指导部门
奥运会期间继续举办中国民族民间艺术博览会，汇集全国民族民间“千种”工艺品。	东城区政府、中国艺术总公司	市文化局、奥组委文化活动部、市公安局、交通局、消防局、市旅游局等	市委宣传部、奥组委文化活动部
在全市培育有剪纸、风筝、宫灯、泥塑、糖人、面人、布贴、烙画、编织、刺绣等工艺制作和藏品展示能力的百户家庭，作为对外文化交流户。	市文化局	市财政局、市旅游局、市妇联、市文联、区县文委等	市委宣传部、奥组委文化活动部

服务对象概览和服务水平

外部客户	行为模式	服务需求	服务水平
普通群众、记者、在京外国人	参与文化广场活动	免费；安全；活动地点具有基本的服务设施；现场气氛热烈，有特色。	政府在全市10个公园、广场举办公益性活动，突出互动性和民间的艺术表演、联欢。
记者、在京外国人	深入民间，参观对外文化交流户	了解北京人的生活，感受中国民间的艺术魅力。	提供一百户以上、民间文化特色迥异的普通市民家庭。
主要针对普通群众	露天营业演出场所举办的演出	以较低的消费让普通群众欣赏较高水平的文化艺术活动。	政府引导的补贴性低消费文化活动，在全市安排10个露天营业演出场所。
文化消费能力较强的群体、记者、在京外国人、参加奥运会的人员	剧场演出	演出水平较高，剧场环境舒适，文化艺术特色鲜明。	主要以商演为主，按照市场机制运行，满足文化消费能力较强的群体需求。

怎样才能保障城市公共卫生安全

医疗卫生保障工作千头万绪、任务繁重，尤其是食品、饮用水和公共场所卫生保障工作，直接关系到奥运官员、运动员以及广大观众的健康安全，是保证奥运会成功举办的关键因素和重要条件。党中央、国务院高度重视奥运工作，把确保奥运会成功举办作为2008年工作的重中之重。做好奥运会医疗卫生保障也是2008年卫生工作的重中之重，卫生部成立了以陈竺部长为组长，3位副部长为副组长的卫生部奥运医疗卫生保障领导小组，并多次召开会议对奥运医疗卫生保障工作进行动员和部署。

根据卫生部制定的奥运医疗卫生保障工作方案，奥运举办和协办城市地方卫生行政部门要加大卫生执法监督力度，按照赛前准备、测试验证、赛时保障三个阶段确定工作重点，加强食品安全和饮用水、公共场所卫生的保障工作，强化责任意识，落实工作任务。进入赛时保障阶段后，各地要按照《重大活动食品卫生监督规范》进行全程卫生监督，全力做好赛事举行阶段的食品安全保障工作。

为督促各地落实奥运食品、饮用水和公共场所卫生保障工作责任，卫生部将组织相关人员赴奥运举办和协办城市开展督察工作，重点对各地保障工作方案落实情况、培训、演练情况和奥运场馆卫生制度落实情况进行现场检查，督促各地将工作措施和责任落到实处，共同做好奥运医疗卫生保障工作。奥运食品、饮用水和公共场所保障工作是一项复杂的系统工作，必须动员全国卫生系统力量参与，按照全力支持、主动参与、加强协调、密切配合的原则，在党中央、国务院的统一领导下，形成上下互通、横向联动、部门协调的工作局面，确保奥运医疗卫生保障任务的顺利完成。卫生部要求，奥运会举办期间，各级卫生行政部门要进一步提高对奥运食品、饮用水和公共场所卫生保障工作重要性的认识，树立全局意识，增强工作的主动性和责任感，在奥组委的统一领导下，加强协调沟通，共同做好奥运会医疗卫生保障工作，为奥运会的成功举办做出更大贡献。

2008年7月31日，在主题为“北京奥运会医疗保障工作”的新闻发布会上，北京市卫生局副局长邓小虹女士指出，奥运的医疗卫生保障工作主要分四个方面。

第一是医疗急救保障体系。首先确定了奥运会定点医疗机构，这也是按照国际奥委会的要求，由北京市卫生局和北京奥组委共同制定，由北京市政府批准以后，就所有的申报医院进行评选产生的，最终一共是24家医院，一个是院前的急救中心，一个是专门接收残障人治疗的北京博爱医院，另外还有22家其他的医疗机构。这里有3家重点医院，中日友好医院专门负责收治运动员、教练员、裁判员住院。北京协和医院负责收治奥委会的官员和贵宾。安贞医院负责收治注册媒体记者，其他的一些定点医疗机构主要是组织医疗队派驻到比赛场馆驻地承担现场的医疗服务。为了满足奥运会场馆驻地的医疗保障任务，从全市的80多家医疗机构里选拔了3000多人组成了30多个医疗团队，另外在奥运村里建立了综合诊所。在全市健全了以急救中心为龙头，全市18个区县分中心为枢纽，所有的几百个急救站为依托的急救系统。最后还有一支稳定的献血者队伍，保障奥运会期间临床和奥运比赛项目的这些运动员、教练员临时的用血需求。

第二是全力提升疾病预防控制的工作水平。在最近这几年，完善了覆盖全市传染病直报系统，每年从4月份到10月份，会在全市的300多家医院建立肠道门诊预测监测点，主要针对夏季高发的北京肠道传染病进行监测。在比赛期间有22家医院会24小时开展主要针对五种传染病相关症状的监测，包括发烧、腹泻、皮疹、红眼和皮肤黄疸。一旦出现了相同症状病例聚集的情况，会在第一时间控制局势。在全市八个区县建立了覆盖生肉、水产品、蔬菜等食品60多个检测指标的监测网络，在全市18个区县建立了饮用水污染的监测点，以此来保障食品和饮用水的安全。这些年我们还不断地提高了检测检验能力，目前可检测的病原体已经覆盖了北京地区存在的所有的法定和新发传染病病种。还以日报、周报、专报等形式，定期地进行传染病监测的信息通报。

第三是强化公共卫生监督管理。北京有一支卫生监督执法的队伍，在做好奥运场馆签约饭店卫生监督保障工作的同时，已经全面完成了83个奥运场馆和配套设施工程卫生许可证发放工作，对所有从事奥运餐饮服务的两万多名从业人员完成了健康体检。加大了对城市的整个运行的卫生监督力度。对食品餐饮业实行了量化分级管理，目前在旅游景区等重点地区餐饮单位达到了B级以上，商场、超市的170多家重点的公共场所的集中空调送风系统已经完成了清洗工作，它的效果监测都可以大大地加强在公共场所的市民健康。

第四是做好突发群体伤亡事件的医疗急救和应急保障。除了急救网络系统以外，在全市医院里建立了救治基地，组织了一些收治群体伤员的应急演练，可以在全市建立紧急情况下收治批量伤员。在疾病预防控制系统成立了20支防病的应急小分队，监督系统成立了40支防病的应急小分队，来随时处理一些突发的公共卫生事件。

营造良好的知识产权（专利）保护环境

保护奥运知识产权，是中国政府对全世界做出的庄严承诺，更是确保奥运市场健康发展和北京奥运会、残奥会成功举行的必然要求。中国政府将继续积极为奥运会、残奥会的成功举办构建公平公正、规范有序、和谐诚信的知识产权保护环境。此外，保护奥运知识产权，也正是实施《国家知识产权战略纲要》、建设创新型国家和全面建设小康社会的积极实践，特别是在当前北京奥运会筹备工作的决战阶段，加强奥运知识产权显得尤为重要。

2008年5月8日，北京市知识产权局局长刘振刚表示，北京市将建立奥运知识产权保护应急应对工作机制，加大对各种侵权行为的打击力度。对奥运会期间发生的涉及知识产权保护的重大案件，按照应急应对机制，北京市有关部门将快速反应、联合应对，同时做好知识产权敏感问题的预警和预防工作。这套应急应对机制主要包括三项内容：一是接受渠道，奥运会期间所有人都可以通过12312等热线电话举报知识产权侵权行为；二是会商机制，北京市有关部门会针对综合性的知识产权侵权行为会商对策；三是执法机制，各个执法部门根据执法权限和范围，采取相应的打击行动。除奥运知识产权保护外，这套应急应对机制还会涵盖其他所有与知识产权相关的侵权行为。

据刘振刚介绍，2008年北京市将通过开展专项行动，在重点时段、重点地区、重点环节、重点商品领域、重点市场，严厉打击各类侵犯奥林匹克知识产权的行为，同时加大对专利侵权、盗版、假冒行为的打击力度，进一步整顿制造、销售侵犯注册商标专用权的违法行为，取缔街头无照游商兜售盗版光盘、假冒奥运产品的行为。此外，北京市将进一步加大知识产权刑事保护力度，促使行政执法与刑事司法衔接顺畅，对重复侵权、恶意侵权行为依法严惩。

以对奥林匹克知识产权（专利）的有效保护、合理规范使用为宗旨，通过明确奥林匹克知识产权（专利）法律事务项目的职责范围、服务水平、组织结构、资源需求、运行数据和风险，使奥林匹克知识产权（专利）保护法律事务项目的运行在预算范围内，为2008年奥运会赛事的顺利进行，为知识产权权利人以及相关权利人提供法律事务服务，为此，拟在2006年成立奥林匹克知识产权（专利）保护指挥和综合协调机构，在赛前及赛时（奥运会、残奥会期间）为奥运会和残奥会知识产权（专利）保护及与专利权相关的工作提供便捷、优质、安全的服务。奥林匹克知识产权（专利）保护机构，将根据《北京奥运行动规划》、《北京奥运主办城市合同》及相关规定，建立相应的执法运行机制，整顿和规范北京地区专利技术交易市场秩序，力争防范和化解各种法律风险，维护奥林匹克知识产权（专利）权利人的合法权益，为成功举办奥运会创造一个保护奥林匹克知识产权（专利权）的良好的法制环境。促进精神文明建设和市民法律素质的提高，向世界展示主办城市对奥林匹克知识产权保护的全新风貌。

自2006年起，北京工商部门将北京奥组委提供的奥运产品定点制造商和特许销售商名单纳入网络化管理，要求网络责任人对其进行实时监控，形成快速反应、运转灵便、完善有效的奥林匹克标志执法巡查网络体系。

据北京市工商局局长张志宽介绍，北京工商部门加强了奥林匹克标志产品和国际知名品牌产品的商品集散地、商品零售地等各商业环节的日常检查，对销售侵权商品、非法印制奥标行为和各类侵犯奥标广告开展了拉网式的集中整治，实行区域定位、挂账管理。截至9月16日，共查结商标假冒侵权案件1262起，罚没款1472万元；奥标案件378起，罚没款481万元。

北京工商部门以保护奥林匹克知识产权为重点，加大对奥运侵权内容广告的监测力度，使奥运侵权内容广告得到有效控制。奥运期间，共监测广告142576条次，奥运侵权广告实现了零指标。

按照北京市政府户外广告临时控制的统一要求，北京工商部门对存在排他权隐患的企业自设性户外广告进行了重点清理，共清理不符合要求的户外广告2020块。国际奥委会官员称赞，这是奥运史上户外广告控制做得最好的一次。

奥运知识产权保障工作的深度推进获得了国际社会的好评。国际奥委会法律部主任霍华德·斯图普在北京奥运开幕前和闭幕后两次访问北京市工商局，对北京保护奥运会知识产权工作给予了高度评价。英国路透社8月19日的报道称，奥运期间来京的游客很难找到侵权奥运商品。

北京奥运会口号

口号：同一个世界 同一个梦想（One World One Dream）

“同一个世界 同一个梦想”（One World One Dream），集中体现了奥林匹克精神的实质和普遍价值观——团结、友谊、进步、和谐、参与和梦想，表达了全世界在奥林匹克精神的感召下，追求人类美好未来的共同愿望。尽管人类肤色不同、语言不同、种族不同，但我们共同分享奥林匹克的魅力与欢乐，共同追求着人类和平的理想，我们同属一个世界，我们拥有同样的希望和梦想。

“同一个世界 同一个梦想”（One World One Dream），深刻反映了北京奥运会的核心理念，体现了作为“绿色奥运、科技奥运、人文奥运”三大理念的核心和灵魂的人文奥运所蕴涵的和谐的价值观。建设和谐社会、实现和谐发展是我们的梦想和追求。“天人合一”、“和为贵”是中国人民自古以来对人与自然，人与人和谐关系的理想与追求。我们相信，和平进步、和谐发展、和睦相处、合作共赢、和美生活是全世界的共同理想。

“同一个世界 同一个梦想”（One World One Dream），文简意深，既是中国的，也是世界的。口号表达了中国人民与世界各国人民共有美好家园，同享文明成果，携手共创未来的崇高理想；表达了一个拥有五千年文明，正在大步走向现代化的伟大民族致力于和平发展，社会和谐，人民幸福的坚定信念；表达了13亿中国人民为建立一个和平而更美好的世界做出贡献的心声。

英文口号“One World One Dream”句法结构具有鲜明特色。两个“One”形成优美的排比，“World”和“Dream”前后呼应，整句口号简洁、响亮，寓意深远，既易记上口，又便于传播。

中文口号“同一个世界 同一个梦想”中将“One”用“同一”表达，使“全人类同属一个世界，全人类共同追求美好梦想”的主题更加突出。

一笔丰富的精神遗产——北京奥运会成功的启示

2008年8月29日，《人民日报》发表题为《一笔丰富的精神遗产》的“北京奥运会成功启示”系列评论文章指出，北京奥运会，不仅给中国留下了丰厚的物质遗产，更留下了丰富的精神遗产。奥林匹克给予中国人民的宝贵馈赠，是推动中国在新的起点上不断发展进步的重要动力。盛会开幕前夕，胡锦涛主席在接受外国媒体联合采访时，对北京奥运会留下的精神遗产做了深刻阐述：“一是弘扬团结、友谊、和平的奥林匹克精神。二是实践绿色奥运、科技奥运、人文奥运理念。三是促进世界各国文化的相互交流、相互借鉴。”

北京筹办、举办奥运会的过程，是奥林匹克精神在中国得到空前普及的过程。中华民族的百年奥运追梦旅程，伴随着这个古老的东方民族对奥林匹克精神的不断加深理解与执著追求。中国人民热情参与支持奥运，标志着奥林匹克精神在占世界人口1/5的群体中得到了弘扬。团结、友谊、和平的奥林匹克精神，像播撒的种子，在中国大地上生根开花，并将结出更加丰硕的果实。奥林匹克运动在中国必将翻开新的一页。

北京筹办、举办奥运会的过程，也是我国实践绿色奥运、科技奥运、人文奥运的过程。7年来这三大理念的实践，不仅为北京奥运会的成功举办奠定了坚实基础，也极大地提升了中国人民的生态意识、科学精神和人文素养。人们更加关注生态环境建设和保护，更加重视科技创新，更加注重文明素质的提高，今天，绿色、科技、人文的理念已经逐步融入中国经济社会发展的脉络之中，推动中国在科学发展的道路上取得更大进步。

北京奥运会的举办，也使世界各国人民增进了了解、加深了友谊。百余位外国政要、万多名运动员、几十万国外游客在北京相聚，全球40多亿观众共享北京奥运的快乐与荣光，各国文化、不同文明在这里交流融会、和谐共处。16天和平友谊的聚会，更加坚定了中国人民促进世界各国文化相互交流、相互借鉴的信心。北京奥运会的圆满成功，使世界更多了解了中国、中国更多了解了世界，也为世界各国人民增进了解、加深友谊搭建了良好平台，更为各国文化相互交流与借鉴提供了极佳机会。

做好一项伟大事业不容易，把这项伟大事业所成就的精神财富和丰厚遗产继承发扬，更不容易。“后奥运”怎样把北京奥运会的遗产巩固好、利用好、 弘扬好，这还需要做大量艰苦细致的工作。中国人民十分珍惜北京奥运会留下的物质遗产，并充分发挥它们的功能和作用。中国人民将更加珍惜北京奥运会留给我们的精神遗产，并努力使之发扬光大。人们有理由相信，北京奥运会必将为中国的发展和进步赢得更多的机遇，促进我国经济社会更好更快向前发展，加快中国现代化建设的历史进程。

安全第一

确保万无一失

2008

中国年谱

奥运你好

成立奥运会安全保护指挥、情报中心

本届奥运会和残奥会，是迄今为止我国举办的规模最大、规格最高、时间最长的大型国际活动，国际安全形势极为复杂。面对错综复杂的形势和繁重艰巨的任务，我们充分发挥社会主义制度的优越性，坚持军警民“三位一体”、协调联动，形成了齐抓共管、群防群治的工作格局。中国政府和奥运安保部门建立了国家、赛区、场馆三个层级的指挥机制，明确了每个层级的职责任务，确保筹备及赛时指挥顺畅、高效。

经过7年精心准备的安保工作，一直是党中央、国务院、相关部委、奥组委、各级地方政府乃至海外各参赛国关注北京奥运的焦点。2008年以来，中共中央政治局、国务院相继召开会议全面部署筹办工作；国家领导人接连考察各赛区安保情况；相关部委相继出台奥运期间治安、交通、消防、食品等方面的安保措施；解放军安保部队进入实战状态，四大军区瞄准海陆空、核化生及恐怖事件未雨绸缪；各赛区亦将奥运安保列为政府工作的重中之重。相关官员表示，北京奥运从专业人员到各种形式的志愿者，安保投入人数众多，将凭借中国特色的安保体制，创造铁桶般的安全纪录。

2005年6月30日，第29届奥运会安全保卫工作指挥中心正式成立。该中心是北京奥运安保工作实战组织领导和指挥机构，它的成立标志着奥运安保工作全面进入实战运行阶段。6月28日，北京奥运安保情报中心成立。

建立国家、赛区、场馆三级指挥

建立了国家、赛区、场馆三个层级的指挥机制，明确了每个层级的职责任务，确保筹备及赛时指挥顺畅、高效。

在国家层面，2004年12月，经中央政府批准，成立了北京奥运会安全保卫工作协调小组，由21个国家部委、奥运安保情报中心和北京市成员单位组成。

在赛区层面，北京以及天津、上海、青岛、沈阳、秦皇岛等赛区城市组建了安保实战指挥机构，香港奥运马术比赛的安保工作按照《中华人民共和国香港特别行政区基本法》的规定，由香港特别行政区政府统筹负责，他们也成立了相应机构。

在场馆层面，组建了场馆安保运行团队。此外，加强了场馆之间，场馆与各级指挥系统之间的网络、图像和信息通信基础设施建设，实现了各场馆间指挥调度快捷顺畅。

在以上这三个层级的框架之下，加强了所有场馆之间，场馆与各级指挥系统之间的网络、图像、信息传递，无线、有线通信的基础设施建设，实现了各场馆间指挥调度的顺畅。从国家级的指挥中心可以随时地调看、调用各赛区、场馆的实时的信息资料和图像。

编制周密细致的奥运安保计划

一是按照国际奥委会的要求，结合北京奥运会的实际情况，借鉴往届奥运会安保工作的成功经验，按期完成了《北京奥运安保战略计划》和《北京奥运安保运行纲要》，并得到了国际奥委会的认可。二是根据北京奥运会的实际情况和实战要求，完成了奥运场馆治安、交通、消防管理、大型活动、反恐防爆、要人警卫等52项奥运安保总体工作计划及900余项具体实施工作方案的编制工作；重点组织开展了奥运安保应急预案的研究制定工作。上述工作计划和方案、预案涵盖了奥运安保总体工作和各方面的具体措施，对很多已经付诸实施，并通过了测试赛的检验，不断进行了更新。

落实涉奥场所安保措施

在奥运场馆设计和施工过程中开展了奥运相关设施的落实。第一方面，坚持奥运场馆的安保运行方案。比如物流设计、车流设计、安检设施设计等。这些都随着场馆的基本建设同步进行规划。第二方面，坚持场馆安防设施，比如说图像监控等。安保建设与场馆的建设同步进行。所有这些安保的设施、设备和方案与场馆的基本建设同步规划，同步设计，同步施工，同步验收，同步投入使用。我们全程参与了所有场馆出入口、观众疏散通道等的规划，以确保安全。这些设施在测试赛中已经投入使用，并进行检测、测试和维护。

按照上述这些规划设计，在所有场馆周界设立了封闭围栏、监控报警设备、人员和车辆安检口，所有进入封闭线的人员、车辆和物品必须经过安全检查。运行过程中，将在场馆、运动员村周界和内部部署安保力量，实施24小时警戒守卫和巡逻防控。在计划编制方面，针对每个场馆逐一制定了全面、细致的安保方案和突发事件处置预案，可以确保在日常和紧急情况下迅速、有效地处置各类突发事件。

以平安社会保证平安奥运

发挥安保资源优势，社会面整体防控工作不断深入，坚持用一流的社会治安秩序，来保障奥运会的安全。大力加强社会面巡逻防控，认真组织开展治安整治行动，严厉打击各类违法犯罪活动，努力解决影响治安稳定和公共安全的突出问题。强化危险物品的治安管理，严密要害单位的安全防范，及时消除各类安全隐患。加强人员密集场所、易燃易爆等危险物品企业的安全监督检查，严格道路交通安全管理，严防发生爆炸、火灾、交通事故。同时，在全社会广泛开展形式多样的奥运安全宣传教育活动，动员社会各界积极参与奥运安保工作，共同维护社会治安，已经形成了奥运安保工作广泛参与、人人有责的社会氛围。

奥运安保总体科技系统设计

在奥运安保科技系统设计建设上，我们独立自主完成了全部奥运安保科技信息系统顶层总体设计，并按计划实施了全面建设工作，已经全面投入使用。这套系统总体上是基于中国警方原有科技信息系统建设成果，同时依靠我国专业领域技术优势，并吸收国际大型活动安保技术系统建设的经验教训开展设计和建设的，从而确保奥运安保科技系统达到国际领先水平。在完成这套先进系统设计的基础上，我们对原有的部分设施进行了有效的改造和扩建，也节省了大量的资金。与此同时，进一步加强了各场馆之间及与奥运各级指挥系统之间的网络、图像和信息通信基础设施建设，实现了各场馆间快捷的指挥调度，这一点在已经举办的40多项测试赛中进行了充分的检验。同时，在其他的大型安保活动中还要使用这套系统。国际奥委会安保专家、国际上的安保机构和资深安保人员均认为我们的安保科技系统处于国际较高水平。

开展奥运安保国际交流与合作

北京奥运的安保工作是开放的，国际交流合作是北京奥运安保工作的重要内容之一。我国警方派员对雅典奥运会、都灵冬奥会、德国世界杯等国际大型体育赛事进行了实地和现场考察，向举办国、举办城市的警方、安全部门学习，为北京奥运安保工作提供了很丰富的参考资料。与希腊政府签订了《合作备忘录》，聘请国际奥委会的安保专家、往届奥运会安保指挥人员作为北京奥运会的安保顾问，广泛听取国际安保领域专家学者的意见和建议。高层领导非常重视这些建议，逐一地要求我们落实。迄今为止，已经召开了十余次的国际安保合作会议，与各国驻华使馆的安全官建立了定期的情况通报机制。在这些工作的基础上，在2007年9月召开了2008北京奥运安保国际合作会议，与国际奥委会、国际刑警组织、上海合作组织及几十个国家执法部门，共同探讨奥运安保工作的难点、热点问题，达成了广泛共识。2008年4月召开了奥运安保国际会议，邀请国际奥委会、国际刑警组织，以及所有国家的安全官到会，相互通报情况、沟通情况，进一步加深了与各国安保机构的交流及合作，为奥运赛时安保国际合作奠定了很好的基础。同时加强了情报方面的合作，现在已经初步成立了奥运赛时的国际警务联络中心，与所有国家的安保部门建立每日的情况通报机制。同时，还通过多边和双边等渠道，与有关国家执法部门加强合作，在获取情报信息方面做更深入的工作，已经取得了积极进展，吸收了许多有价值的情报，也吸收了很多富有建设性的意见和建议。

整合安保力量应对各类威胁和挑战

北京是世界上最安全的城市之一，中国是世界上最安全的国家之一，北京奥运会面临的安全形势总体是平稳的。当前，在国际恐怖活动持续高发的形势下，北京奥运会面临着恐怖袭击的风险。为此，奥运安保部门有效整合各方面反恐力量，发挥各专门机构的职能作用，动员全社会的力量参与奥运安保工作，切实预防和打击各种破坏滋扰活动。通过方方面面的共同努力，依靠国际社会和普通百姓给予奥运安保工作的支持与配合，我们有信心应对各类威胁和挑战。

立足实战开展奥运安保人员培训工作

奥运安保队伍由警察、军队、武警组成，并组织招募了大量志愿者参与奥运安保服务。在安保工作中我们坚持“遵守惯例、标准统一、尊重个性、注重细节”的原则，采取专家授课、案例分析、实战演练等方式，对所有参与奥运安保的人员进行了多方面的培训，包括奥运知识、服务用语、治安防范、消防安全、交通管理、应急处置等相关知识和岗位技能培训。每一个奥运岗位也实行了实名制，由每个人确定他具体的岗位职责。同时，高度重视对安保人员服务意识的培养，强调既要保证安全，又要做到热情、礼貌、文明。通过系统化、标准化、专业化和规范化的培训，努力形成一支业务精通、训练有素、亲和文明的奥运安保队伍，为参加北京奥运会的各国人员，当然也包括各位记者提供高水平的、优质的服务。

对社会治安实施"整体防控"

自2001年开始，在北京市委、市政府、公安部和奥运安保协调小组的领导下，建立了奥运北京安保指挥中心、各专业指挥部及地区分指挥部、场馆安保团队三级指挥体制，负责组织指挥北京赛区安保实战工作。对社会治安实施"整体防控"，警方架起"四张网"。分别为：巡逻网控制全市的主要大街、重点繁华地区和高发案地区；社区网掌控社区内的人、地、物、事和组织，提高了对"块"的控制能力；治安网管控旅店等治安复杂场所、重点行业和重点地区；内保网动态管理水电气热等重点单位、要害部门的内部治安状况。

2001年，北京市公安局制定了《北京市公安局民警外语培训七年规划》，并于2006年出台了《北京市公安局公安专业人才管理暂行办法》。北京市公安局党委将人才队伍建设列入奥运安保工作规划，并根据奥运安保任务需求，计划培养一支1.2万人的安保专业人才队伍。主要包括110警务指挥、计算机情报信息收集分析、大型活动安保、竞赛场馆安保工作管理、应急事件现场处置、突发治安灾害事故现场处置、要人警卫、防爆安检、奥运新闻场所及驻地安全管理、预防打击国际恐怖活动和跨国犯罪、国际警务联络交流等专业人才，北京市公安局自2001年开始采取各种方式选拔培养各类安保专业人才。

警务联络外语人才：截至2008年7月8日，北京市公安局民警通过北京市外语口语等级考试的有23300人，占全局50岁以下民警总数的60%以上，其中取得中级和高级证书的有8600余人，约占民警总数的20%。

打击暴力犯罪与反恐怖人才：北京市公安局组建了"北京市公安局特警总队"，命名特警总队一支队为"蓝剑突击队"，集中了具有特殊技能的特警专业人才，在奥运会期间将承担处置突发事件、打击暴力犯罪和反恐怖活动的职能。

防爆安检人才：北京市公安局建立了防爆安检专业队伍，由防爆专家和专业技术人才组成，全局有近3000多名民警、7300安检志愿者经过了专业培训，承担奥运期间的安检工作，确保安全。

公安业务人才：北京市公安局根据奥运安保人才队伍建设计划，于2006年启动了公安专业人才队伍建设工程，构建了公安专业人才梯队体系，按照专业分类、能力分级、警种分系统，建立了以岗位能手为基础、以业务骨干和系统标兵为中坚、以领域专家为龙头的四级公安专业人才梯队体系，通过确定四级人才的专业等级标准，自2006年开始，北京市公安局专业人才选拔工作已连续开展2年，截至2008年7月8日，已选拔出四级专业人才27000余名，占全局民警总数的54%，为建设一支反应快速、处置有力、业务精通、亲和力强的奥运安保队伍奠定了人才基础，为奥运安保人才队伍建设提供了有力的保障与支持。

扎实开展奥运安保专业知识与技能培训：2006年4月，奥运安保实战培训启动仪式在警察学院举行，标志着奥运安保培训全面向实战培训转换。截至2008年7月8日，共组织警务执勤车辆驾驶技能训练、安检知识技能培训、大型活动保卫、要人警卫、反恐处突、奥运安保暴力案件侦查、涉外案件处置、交通安全保卫、消防、奥运物流中心安保工作等110多项奥运安保专业知识技能培训。

注重奥运安保形象礼仪培训：北京市公安局制定了详细的《奥运安保形象礼仪培训工作方案》，制作了《北京市公安局奥运安保形象礼仪》教学片光盘。提出了“规范着装、规范执勤、规范用语、规范执法”的要求，在全局民警中进行了形象礼仪系列教育活动。规定每名民警奥运安保形象礼仪培训时间不少于10课时，必须通过达标考核。同时，市公安局组织开展了多种形式的文明服务教育活动。采取多种形式组织民警学习奥运基础知识、宗教知识、民族风俗、外国文化习俗，提升自身的文化素质。

选派业务骨干到国外培训：自2003年以来，北京市公安局通过选派业务骨干到雅典、都灵、悉尼等举办过奥运会的城市学习各国组织安保工作的经验，同时还选派业务骨干到国外进行培训，先后赴美国、英国、德国、法国、加拿大、澳大利亚等国进行了暴力犯罪现场勘察、群体骚乱事件现场处置、反计算机犯罪、反跨国犯罪、反恐怖犯罪、大型公共活动安全保卫、警务情报收集与分析、大型活动风险评估、大城市交通安全管理、警务工作与公共关系、城市应急系统建设等专业培训，已选派业务骨干410余人，形成有价值的专题培训报告论文230余篇，全部挂在市局政工网上供全局民警学习参考，点击人数已超过20万人次，对开阔安保工作思路，研究制定场馆安保工作方案，与国际一流安保工作进行对比，具有重要的参考价值。

加强奥运安保实兵模拟演练：北京市公安局自2006年开始，结合“好运北京”系列体育赛事，来演练磨合奥运安保工作，为奥运安保培训提供经验。2007年市局制定下发了《奥运安保培训模拟实战演练工作方案》，要求局属相关单位结合奥运安保工作实际，制定本部门的模拟实战演练工作方案，认真做好奥运安保培训模拟实战演练工作。演练工作主要围绕明确岗位职责任务，增强安保团队的沟通、协调与相互配合能力。

2008年北京市公安局对实兵演练工作进行了再部署，下发了《奥运安保赛前临战阶段实兵演练工作方案》和《奥运安保赛前临战阶段实兵演练工作示范片》，实兵演练在竞赛场馆、非竞赛场馆、重点地区（部位）、社会面控制分别进行，根据不同场馆、不同地区，设置可能发生的突发、敏感、影响面大的警情进行演练。演练以民警实名制为基础，在实地、实景、实情中进行，确保每个民警到岗位、知任务、会处置，与赛时岗位任务对接，演练科目设置立足奥运安保实战，尽可能穷尽实战中可能出现的突发情况，演练中增设多种警情，加大演练难度，演练警情不告知参演单位和参演民警，不做预先准备，真实反映在实战状态中可能出现的问题，尽可能多地查找工作中的薄弱环节，从而有的放矢地进行整改。

强化比赛场馆、训练场馆安保工作

为确保2008年北京奥运会比赛场馆、训练场馆、非竞赛场馆安全，奥运安保部门本着既借鉴往届奥运会场馆安保成功经验、又结合国情市情和具体工作实际的精神，开展了大量认真细致的安保筹备工作。

通过综合分析场馆比赛项目的激烈程度、群众关注程度、控制难易程度和以往发生的问题，将奥运竞赛训练场馆划分为ABCD四类，实行分类管理。同时结合场馆项目特点、场馆容量、观众数量、重点场次、风险评估等6类变化因素，分级采取安保措施，既保证局面控制力，又避免警力浪费。

在工作方式上，我们将安全管理与安保服务有机结合起来，努力营造欢乐祥和的赛场气氛。现场勤务中，除必要的安保线守护、出入口控制、交通管理等岗位部署了着制服警力外，其余岗位安保人员均身着便装执勤。与此同时，与场馆观众服务部门建立了密切的联系，彼此密切配合，积极开展进退场观众疏导、捡拾物品招领、接报警等工作，为到场的各类客户群提供安保服务。

此外，按照“以场馆为基础”的场馆化工作模式，每一个场馆均组建了场馆安保团队，具体负责该场馆的安全保卫工作。每一个奥运场馆的团队中配备了一名经验丰富的场馆安保副主任，与其他场馆团队组合工作。

○●中国携手联合国安保机构筹划北京奥运反恐工作

2006年11月22日，北京市公安局警察在进行反恐防暴演练。当日，为期3天的北京奥运安保反恐交流及国际合作研讨会在北京闭幕，参会的国际安保专家观看了北京市公安局反恐防暴技能和警用车辆特种驾驶技战术演练，并表示将推进中国与联合国安保机构的合作。会议期间，来自英、美、德、意大利、爱尔兰、以色列、斯里兰卡7国的12名国际安保专家对2008年奥运会安保工作提出了很多建设性意见，并与北京警方围绕国际反恐、跨国有组织犯罪、针对第三国的恐怖袭击、大型活动和体育赛事安全保卫、外国人管理等领域进行了深入交流和研讨。

中央针对奥运召开的重要会议、集体学习

中共中央政治局会议、集体学习

时间	摘 要
2007年3月23日	政治局会议指出，2007年是筹办2008年北京奥运会的决战之年。要基本完成竞赛组织、大型仪式、安全保卫、运动会服务等主体筹办任务，基本实现筹办工作体制机制的转换，基本建成奥运会城市运行、管理、服务、保障、应急体系。
2008年1月29日	政治局会议强调，2008年北京奥运会和残奥会开幕日期日益临近，筹办工作时间紧迫、任务繁重。各有关方面要大力加强组织领导，充分发挥制度优势，广泛调动各界积极性，加强同国际奥委会等有关方面的联系，努力举办一届有特色、高水平的奥运会和残奥会。
2008年7月26日	胡锦涛主持政治局第七次集体学习，内容是现代奥林匹克运动和办好北京奥运会。他强调，要切实做好奥运安保工作，切实把平安奥运要求贯彻于北京奥运会、残奥会全过程、各环节，落实平安奥运重如泰山、奥运平安人人有责的要求。
2008年7月27日	政治局会议研究部署北京奥运会筹办最后阶段重点工作。会议强调，现在距北京奥运会开幕只有1个多月时间，筹办工作进入最后关键阶段。要全力加强奥运安全保卫工作，积极开展奥运安保国际合作，努力实现平安奥运目标。

国务院常务会议

时间	摘 要
2003年8月27日	会议提出，奥运会体育基础设施项目建设任务十分紧迫，必须加快前期准备工作。要坚决贯彻勤俭办奥运的精神，有关项目的确定和建设，要充分利用现有资源，不搞重复建设，综合考虑经济效益、社会效益和环境效益。
2005年8月19日	会议要求，要贯彻以人为本、全面协调可持续的科学发展观，把绿色奥运、科技奥运、人文奥运落实到筹办工作的各个方面。
2006年2月22日	会议指出，要继续做好与国际奥委会和有关国际组织的交流与合作工作，努力提高筹办工作的国际化水平。要认真落实竞赛组织与管理工作，加强人员培训，积极推动筹办工作体制、机制向赛时转换，形成参与广泛、运行顺畅、各方紧密配合的局面。

中共中央政治局常委有关奥运的考察活动

胡锦涛：

时间	地点	考察内容	讲话摘要
2006年10月1日	北京	奥运会工程建设	要增强对筹办工作特点和规律的认识，增强工作的整体性、协调性、规范性，不断提高工作水平。要科学配置和合理使用资金、物资、人力资源，加强管理和监督工作，使资金和工程运作公开透明，发挥最大效益。
2008年6月25日	北京	奥运会配套交通设施	良好的交通环境是成功举办奥运会的重要保证。要把奥运交通保障放在更加突出的位置来抓，进一步完善交通设施，加强交通管理，搞好交通服务，保证交通安全，真正履行好我们对国际社会作出的“交通安全顺畅”的承诺，让中外宾客满意，让广大人民群众满意。
2008年7月20日	山东	奥运会帆船比赛青岛筹办工作	希望大家进一步增强责任感和紧迫感，扎扎实实、深入细致地做好各项筹办工作，确保奥帆赛圆满成功，让国际社会满意、运动员满意、人民群众满意，为举办一届有特色、高水平的奥运会作出积极贡献。
2008年7月23日	北京	奥运备战工作	做好反兴奋剂工作是成功举办奥运会的重要前提。我国作为本届奥运会的东道主，有责任在反兴奋剂方面作出表率。希望有关方面进一步采取有效措施，确保我国体育代表团干干净净地参加奥运会，为维护奥林匹克运动的纯洁性作出积极努力。

吴邦国：

时间	地点	考察内容	讲话摘要
2008年4月1~2日	北京	奥运筹办	在确保高质量按时完成在建工程的同时，要通过举办测试赛等活动，进一步检验相关工程设施，积累竞赛组织经验，锻炼运行服务队伍，改进交通组织管理，提高安全保障能力，营造良好社会氛围，以优异的成绩迎接奥运会和残奥会的胜利举办。
2008年7月15日	天津	综合考察	要求各有关方面精心组织、优质服务，确保奥运会相关足球赛事顺利进行。

北京奥运领导组织结构图

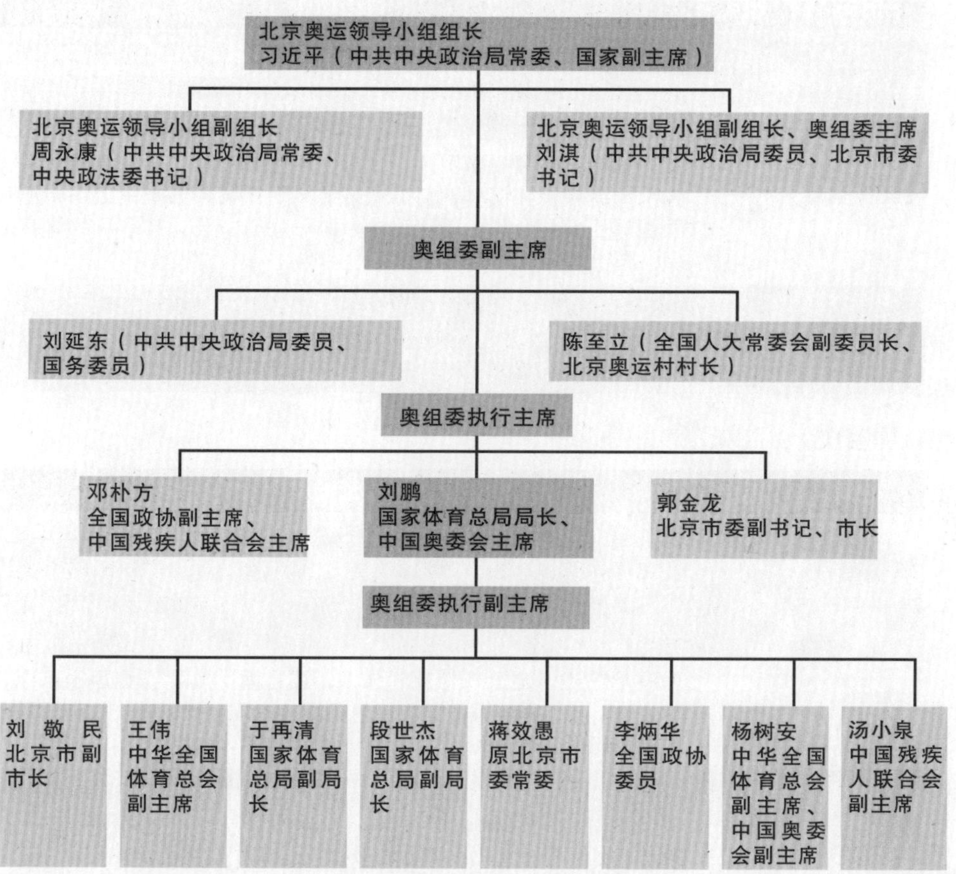

注：北京奥组委现下设秘书行政部、总体策划部、国际联络部、体育部、新闻宣传部、工程和环境部、市场开发部、技术部、法律事务部、运动会服务部、监察审计部、人事部、财务部、文化活动部、安保部、媒体运行部、场馆运行部、物流部、残奥会部、交通部、火炬接力中心、注册中心、开闭幕式运营中心、票务中心、奥运村部、志愿者部、北京奥运抵离中心27个部门。

温家宝：

时间	地点	讲话摘要
2006年10月25日	北京	中国政府高度重视奥运会的筹办工作，提出了“有特色、高水准”的办会目标。“有特色”就是要在筹办工作中体现“绿色奥运、科技奥运、人文奥运”三大理念；“高水准”就是要在建设、服务、保障、安全和管理等方面按照奥运会的标准开展工作。

续表

时间	地点	讲话摘要
2007年7月17日	北京	对奥运场馆建设和奥运会筹办工作提出明确要求，一要保证工程质量、安全；二要突出环保、节能；三要加强组织、管理；四要做到节俭、廉洁；五要搞好赛后利用。
2008年4月9日	北京	会见国际奥委会主席罗格，指出，中国政府和13亿中国人民将秉承奥运宗旨和精神，努力做好北京奥运会各项筹办工作，加强同国际社会的合作，确保成功举办一届有特色、高水平的体育盛会，履行对全世界的郑重承诺。
2008年8月3日	北京	考察奥运保障等工作时强调，要认真做好各项保障工作，通过大家的共同努力，真正把奥运会办成让国际社会满意、运动员满意、人民群众满意的国际盛会。

贾庆林：

时间	地点	讲话摘要
2007年2月5~7日	北京	考察奥运会筹办工作时强调，要坚持国际标准与中国国情相结合，坚持硬件建设与软件建设相结合，坚持竞技体育与群众体育相结合，坚持立足当前与着眼长远相结合，进一步增强筹办工作的整体性、协调性和规范性。
2008年6月20日	北京	考察场馆建设及运行情况时强调，要全面落实平安奥运的目标要求，进一步完善安保政策和应急预案，提高全社会安全防范意识和能力，确保万无一失。
2008年7月21~23日	天津	调研时强调，作为奥运会协办城市，天津要进一步增强荣誉感、责任感和紧迫感，坚持安全第一、服务至上，以一流的设施、一流的管理、一流的服务，确保协办奥运工作取得圆满成功。

李长春：

时间	地点	讲话摘要
2008年7月10日	北京	考察奥运会新闻报道筹备工作时强调，电视是世界各国人民了解奥运会最直接、最形象的媒体，对于满足世界人民观看奥运赛事的需求具有重要作用。一定要强化技术保障，做好应急预案，确保万无一失，让奥运会电视信号顺利通畅安全地向世界各地传播。

习近平：

时间	地点	讲话摘要
2008年2月15日	北京	考察奥运筹办工作时强调，加强统筹协调，坚持通力合作，进一步深入细致做好各项筹办工作。

续表

时间	地点	活动摘要
2008年5月7日	山东	考察青岛奥帆中心并主持召开京外赛区筹办工作会议，强调各协办城市要在前期工作基础上，以全面就绪为主线，推动奥运筹办关键阶段各项工作，实现奥运场馆、技术系统、管理标准全面就绪，场馆运行团队、安保体系、媒体服务、志愿服务团队全面就绪，城市运行和保障等工作全面就绪。
2008年5月28日	北京	考察奥运场馆时强调，确保各奥运场馆在赛事运行中安全顺畅、万无一失。
2008年5月28日	天津	强调要通过赛前不断演练和赛中科学管理，有效维护赛场秩序，科学调控场馆氛围，全面实现赛事目标。
2008年6月12日	北京	考察奥运城市运行保障工作时强调，全力做好确保奥运交通顺畅、空气达标、食品安全等工作。
2008年7月6日	香港	在香港沙田奥运马术比赛场地听取特区政府关于北京奥运会、残奥会马术比赛筹办情况的汇报，并发表重要讲话。
2008年7月9日	北京	出席赛时工作动员大会时强调，在奥运筹办最后30天，我们一定要全力做好奥运安保工作，确保实现平安奥运目标。
2008年7月12日	北京	考察奥运机场交通服务和奥运村时强调，做好奥运服务保障工作，一定要把确保安全放在首位，严格落实各项安保措施，做到平安奥运警钟长鸣。
2008年7月15日	秦皇岛	强调要依托现代化、信息化安保手段和覆盖省市区县的奥运安保指挥体系，以及正在全省深入开展的万名干部下基层“保稳定、促发展、迎奥运”活动，确保北京奥运会火炬安全传递、确保北京主赛区和京外赛区安全运行。
2008年7月21日	北京	考察奥运安保工作时强调，平安奥运是办一届有特色、高水平奥运会的前提；没有平安奥运，一切无从谈起。
2008年8月2日	北京	考察北京奥运服务保障工作时强调，把专门机构的严密防范、快速反应同奠定平安奥运坚实群众基础结合起来，确保奥运场馆和社会面安保工作取得圆满成功。

李克强：

时间	地点	活动摘要
2008年7月31日	北京	考察奥运场馆和奥运村及运行情况时强调，筹办奥运会已到了最后关键阶段，要认真贯彻中央关于办好北京奥运会、残奥会的指示精神，深入细致地做好环境保护、医疗卫生、食品安全、能源供应等工作，确保奥运会成功举办。要把奥运成果运用到更多方面，促进全面协调可持续发展。

贺国强：

时间	地点	活动摘要
2008年7月14日	北京	大规模建设和验收工作虽然已经完成，但并不意味着奥运场馆工程建设质量监督工作万事大吉。越是奥运临近，越是各方面好评不断，我们越要保持头脑清醒，越要加强对奥运场馆和相关设施工程质量的监督，不能有丝毫麻痹，不能有一刻放松。奥运场馆工程质量最终要经过奥运会实践来检验，因此，要在奥运会正式开幕之前，在原有工作的基础上，对工程质量再进行一次全面检查。

周永康：

时间	地点	活动摘要
2008年4月7~9日	广东	在全国社会治安综合治理工作会议上强调，当前要以确保北京奥运会安全顺利举办为目标，严厉打击各种严重刑事犯罪活动，深入开展治安混乱地区和突出治安问题的整治工作，加大对社会治安秩序的管理力度，加强对重要目标、重点部位的巡逻守护，形成专群结合、警民联防的治安防控网络，为北京奥运会的顺利举办创造良好的治安环境。
2008年6月1日	北京	考察奥运安保工作时强调，要清醒地看到面临的风险和挑战，看到不利因素和可能存在的隐患，把安保工作面临的困难和问题估计得充分一些，把责任落实得更明确一些，把工作方案制订得更细致一些，把应对措施做得更扎实有效一些。
2008年7月14日	京津冀	检查北京奥运安保“护城河”工程时强调，安全保卫工作是成功举办奥运会的前提和基础。没有安全保障，就没有奥运会的成功，就没有国家形象。北京周边省区市作为北京的安全屏障，在奥运安保工作中承担着艰巨任务，发挥着重要作用。
2008年7月22日	北京	检查奥运安保工作时强调，要充分发挥社会主义制度的优越性，把广大群众组织和发动起来，打一场奥运安保的人民战争；要充分发挥社区干部和居民群众的积极性，把矛盾纠纷化解在基层，把不安定、不稳定苗头发现和消除在初始阶段，切实筑牢维护社会稳定的第一道防线。

公安部：奥运安保是头等大事

从北京奥运会申办成功之日起，如何确保奥运安全，就成为一个至关重要的课题。经过7年精心准备，经过无数次实战演练，北京奥运安保工作经受了各种风险的考验，通过了这场史无前例的检验，向党、国家、人民和国际社会交上了一份合格的答卷，圆满实现了平安奥运的目标，确保了两个奥运会同样安全、同样精彩。

对于北京奥运安保工作，中共中央政治局常委、中央政法委书记周永康在2008年9月24日奥运工作总结会上总结平安奥运成功经验时表示，可以用四个“前所未有”来概括：

一是风险挑战前所未有。2008年以来，北京奥运会、残奥会筹办工作不仅经受了南方部分地区严重低温雨雪冰冻灾害、四川汶川特大地震灾害的考验，而且受到了一些别有用心的人干扰破坏，他们打着各种幌子、利用各种借口向我国发难，肆意歪曲、抹黑、丑化我国形象，奥运安保工作承受着前所未有的巨大压力。

二是复杂程度前所未有。北京奥运会是迄今为止规模最大的一届奥运会，参赛队员最多、出席贵宾最多、采访记者最多。奥运安保工作既要保障国内外贵宾、参赛队员、赛事工作人员的安全，又要保障各项赛事活动和开闭幕式等重大活动的安全；既要保障场馆、住地、交通枢纽等重点部位的安全，又要保障社会面平稳有序；既要严防恐怖势力干扰破坏活动，又要严防个别对社会不满人员借机制造极端事件；既要确保国家安全和政治大局稳定，又要确保社会治安大局稳定。安保工作既面临多个领域、多条战线的斗争，又面临高度开放、透明的执法环境，其覆盖面之广、持续时间之长、保卫对象之多、复杂程度之高、工作难度之大前所未有。

三是工作力度前所未有。针对奥运安保面临的各种现实挑战和潜在风险，各地区各部门各单位坚持以最高的标准、最严的要求、最大的努力，积极防范、主动应对，多管齐下、综合施策，采取了许多特殊措施，切实加大了反分裂、反恐怖、反渗透斗争力度，切实加大了矛盾纠纷排查化解力度，切实加大了社会治安防控力度，切实加大了力量部署、指挥协调、情报收集、风险评估、综合保障力度，反复分析研判各种可能出现的情况，反复研究完善安保预案和具体对策，反复检查落实安保责任和措施，做到了不消除隐患决不放过、不解决问题决不放过，确保了奥运安保这一庞大的系统工程高效有序运转。

四是平安效果前所未有。在北京奥运会、残奥会期间，我们不仅有效防止了暴力恐怖事件、危害国家安全和社会稳定的重大政治事件、大规模群体性事件，而且北京、各协办城市、全国各地刑事案件和治安案件大幅下降，维持了良好的赛场秩序，创造了宽松的环境，营造了和谐的氛围，赢得了人民群众和国际社会的普遍赞誉和高度评价。国际媒体称，北京奥运会是历史上最安全的一届奥运会。

为了确保北京奥运会的圆满成功，全国各级公安机关和广大公安民警在各级党委、政府的领导下，把奥运安保工作作为压倒一切的头等大事和首要政治任务，高度负责、精心组织，全警动员、全力以赴，顽强拼搏、无私奉献，有力地维护了社会大局稳定，实现了平安奥运的目标。

2008年4月11日，公安部召开电视电话会议，部署全国公安机关自2008年4月至10月，开展为期7个月的奥运治安保卫攻坚战。

2008年4月14日，公安部召开奥运消防安全保卫攻坚战动员部署电视电话会议，部署开展为期7个月的奥运消防安全保卫攻坚战。

2008年4月18日，全国公安机关奥运安保现场督察动员部署会议召开。

2008年4月25日，国家禁毒委员会办公室、公安部禁毒局召开了重点省市公安禁毒部门奥运安保工作座谈会，会议要求，以北京、天津、上海、沈阳、秦皇岛、青岛等奥运赛区及周边省区市为重点，从5月至8月在全国范围集中开展系列禁毒专项打击和整治行动。

2008年4月25~27日，北京奥运安保国际大会开幕。中国代表团和来自120个国家及地区的执法机构和相关国际组织的近400位代表，共同探讨奥运安保工作难点、热点问题，就进一步加强奥运安保国际交流合作、共同确保奥运会安全顺利举办达成了共识。

2008年4月25~29日，公安部在全国组织开展治安、交管、消防、出入境、禁毒主题日系列宣传活动，向人民群众广泛宣传安保政策、措施和相关法律法规，使“平安奥运”理念深入人心。

2008年4月29日，第29届奥运会北京安保指挥中心誓师大会举行，中共中央政治局常委、中央政法委书记周永康出席大会并向安保人员授旗。

2008年6月20日，公安部召开全国公安厅局长座谈会，公安部长孟建柱强调，全国公安机关要把奥运安保作为当前的头等大事。

2008年6月27日，在奥运出入境安保工作冲刺决战阶段动员部署会议上，公安部出入境管理局与各省、自治区、直辖市公安机关出入境管理部门、九个边检总站分别签订了《奥运安全保卫出入境管控工作责任书》，明确要求各地把抓落实、抓细节、抓演练作为当前工作的核心，使各项安保工作真正落到实处。

2008年7月3日，公安部召开全国公安机关电视电话会议，对深入推进奥运安保治安消防交管攻坚战进行再动员再部署。

2008年7月4日，中央综治办召开平安奥运创建工作座谈会强调，要深入推进平安奥运创建工作，进一步夯实综治基层基础工作，形成确保奥运安全的铜墙铁壁。

2008年7月22日，公安部召开部机关奥运安保临战动员大会。

2008年7月30日，公安部网站消息，为切实加强铁路站车查危防爆工作，全路成立了由1.97万名公安民警和铁路职工组成的1566个查危队伍，三等以上车站全部配齐查危仪，并配置防爆罐、防爆毯和爆炸物探测器等防爆设备；北京和上海等44个较大客运站增配了安检门，设置站车反恐防爆五道防线。铁路公安机关启动环京“护城河”行动。北京、沈阳和太原铁路公安局在北京周边21个车站建立治安检查站，形成3条控制防线。同时，铁路公安机关组建3万多人的线路巡防队伍，在重点区段加高加固了防护网，给6000多公里提速干线全线安装了护栏，实行封闭式管理。

公安部发布的安保文件

2008年3月25日，公安部督察委员会印发了《北京奥运会安全保卫现场督察总体工作方案》。

2008年3月28日，公安部奥运安保工作组下发《关于加强北京奥运会火炬接力交通安全保卫工作的通知》。

2008年3月30日，为预防重特大道路交通事故发生，为北京奥运会举办创造安全、畅通的交通环境，公安部下发《关于印发〈奥运道路交通安全攻坚战总体方案〉的通知》，决定自2008年4月1日至10月31日，在全国范围内开展为期七个月的奥运交通安全攻坚战。

2008年4月10日，公安部网站公布《奥运消防安全保卫攻坚战总体方案》，决定自2008年4月至10月，在全国组织开展奥运消防安全保卫攻坚战。

2008年7月2日，公安部交管局下发《关于全力以赴做好7月份奥运道路交通安全攻坚战工作的通知》。

2008年7月9日，为进一步加强奥运安保工作，切实保障奥运会和残奥会期间的社会公共安全，公安部发布《关于2008年北京奥运会、残奥会期间全国停止向北京等赛区城市或途经赛区城市运输枪支弹药、爆炸、剧毒、放射性等危险物品和危险废物的通告》。

2008年7月17日，公安部反恐怖局印发了《公民防范恐怖袭击手册》，指导公民如何及时发现涉恐嫌疑迹象，在面对恐怖袭击时采取正确措施规避危险，掌握紧急情况下自救和互救知识，以最大限度地降低危害程度。

安监总局：安全生产工作责任感和使命感

为了确保奥运会的顺利进行，国家安全监管总局及各地、各部门采取各项有力措施，加大重点行业、领域的安全监管监察力度，认真排查治理安全隐患，保证了奥运会期间的安全生产稳定。北京奥运会期间，全国安全生产情况稳定，事故总量大幅度下降，比2008年1~7月份下降幅度分别多下降19.2和28.1个百分点；较大事故起数和死亡人数下降幅度，比2008年1~7月份分别多下降35.9和40.1个百分点。

2008年7月12日，安监总局、公安部、工商总局联合发布《关于加强奥运期间重点危险化学品安全管理的公告》。

2008年7月15日，国务院安委办下发《关于迎奥运加强安全生产工作的通知》。

2008年7月17~19日，国务院安全生产委员会副主任兼安委会办公室主任、国家安监总局局长、党组书记王君一行对北京、天津两市贯彻落实国务院关于安全生产的决策部署，开展安全生产百日督察专项行动情况进行调研时强调，要高度重视奥运期间的安全生产工作，进一步增强做好当前安全生产工作的责任感和使命感，以对党和人民高度负责的精神，把各项安全工作抓细抓实抓好。

2008年7月19日，国务院安委会办公室召开北京周边地区奥运期间危险化学品运输安全监管座谈会，研究部署加强危险化学品运输安全监管工作。指出，要充分利用北京周边地区危险化学品运输安全监管的联控系统，形成“基本信息共享、动态监控通报、联合执法同步、查处意见反馈”的工作机制，确保北京周边地区危险化学品运输安全。

2008年7月31日，安监总局办公厅下发《关于切实做好北京奥运会期间和高温季节烟花爆竹安全生产工作的通知》。

卫生部：三个阶段搞好相关工作

在继续做好地震灾区受伤群众医疗救治和卫生防疫工作的同时，卫生部要求全国卫生系统进一步抓紧做好北京奥运会医疗卫生保障工作。各地卫生行政部门和各级各类医疗卫生机构要认真落实传染病预防控制措施，确保奥运会之前及奥运会期间全国不发生重大传染病暴发流行，特别是奥运会举办和协办城市要确保不发生大的传染病疫情。

同时，要加强药品安全保障工作，做到两个“确保”，即确保奥运会期间不发生药源性兴奋剂管理问题，确保奥运会期间运动员用药安全。卫生部要求，各地特别是奥运赛事举办和协办城市要进一步加强药品、医疗器械质量安全监管。加大对药品生产和零售企业的监管以及对中成药、化学药品和生物制品等药品的抽验力度，严厉打击利用网络违法销售药品行为。严格审查医疗器械注册，加强医疗器械生产企业质量体系检查和医疗器械质量检测。要强化奥运会期间的兴奋剂管理工作，规范药源性兴奋剂生产经营秩序。

此外，卫生部还要求，奥运会赛事举办和协办城市要按照赛前准备、临赛阶段、奥运比赛期间三个阶段确定工作重点，做好奥运会食品、饮用水和公共场所卫生保障，以及卫生应急和医疗救治准备、安全保卫、卫生信访等工作。

2008年2月25~27日，国家食品药品监管局联合公安部、农业部、商务部、卫生部、工商总局、质检总局、全国整规办等部门，对北京、上海、天津、青岛、沈阳、秦皇岛等地的奥运食品安全保障管理指标进行督察。

2008年3月24日，为加强奥运会期间病原微生物实验室生物安全管理工作，确保"平安奥运"目标的实现，卫生部办公厅印发《关于加强奥运会期间病原微生物实验室生物安全管理工作的通知》。

2008年3月25日，为切实做好奥运会食品、饮用水和公共场所卫生保障与化学中毒和放射性污染事件的医学应急准备，卫生部下发《关于做好北京奥运会食品、饮用水和公共场所卫生保障工作的通知》。

2008年3月27日，卫生部副部长马晓伟在全国卫生监督工作会议上表示，做好奥运医疗卫生保障工作，是北京奥运会成功举办的关键，全国卫生部门都要为之努力。卫生部已经组织制定了《卫生部奥运医疗卫生保障工作方案》和应急预案。

2008年4月15日，奥运官方网站讯，国家卫生部决定成立以部长陈竺为组长，副部长黄洁夫、马晓伟、陈啸宏为副组长的奥运医疗卫生保障工作领导小组，全力做好北京奥运会医疗卫生保障工作，加强对奥运会主办、协办城市及全国卫生系统奥运医疗卫生保障工作的协调、指导和支持。该领导小组职责包括：在北京奥组委统一领导下，按照全力支持、主动参与、加强指导、积极建议、整体协调、密切配合的原则，积极配合北京奥组委，组织、动员全国卫生系统参与，协调、指导和支持奥运举办和协办城市卫生部门做好医疗卫生保障工作。7~9月，领导小组成员、联络员和卫生应急队伍将实行24小时手机值班制度，确保人员、技术、物资、车辆到位，确保在奥运会、残奥会期间及时高效处置各类突发事件。

2008年5月12日，卫生部召开全国卫生系统奥运会医疗卫生保障工作会议，要求全国卫生系统重点做好传染病防控、食品饮用水安全保障、医疗保障、药品安全保障、公共场所卫生保障、危险品管理等六项工作。

2008年5月22日~6月3日，为督促和指导奥运赛区城市卫生行政部门的卫生保障工作，确保奥运食品、饮用水、公共场所、放射防护等卫生安全，卫生部组织专家分别对北京、天津、上海、沈阳、青岛、秦皇岛6个赛区城市的食品、饮用水、公共场所、化学中毒和放射防护卫生等保障工作进行了督察。

2008年6月17日，卫生部部长陈竺在全国卫生厅局长工作会议上表示，6月30日前，卫生部将对内地6个奥运会赛事举办城市医疗卫生保障工作进行督导检查，并与北京市相关单位联合开展医疗卫生应急救援的实战模拟演练。

2008年6月17日，卫生部下发《关于加强奥运会医疗卫生保障工作的通知》，要求全国卫生系统在继续做好地震灾区受伤群众的医疗救治和卫生防疫工作的同时，进一步抓紧做好2008年北京奥运会的医疗卫生保障工作。

2008年7月19日，国务院安委会办公室召开北京周边地区奥运期间危险化学品运输安全监管座谈会，研究部署加强危险化学品运输安全监管工作。指出，要充分利用北京周边地区危险化学品运输安全监管的联控系统，形成“基本信息共享、动态监控通报、联合执法同步、查处意见反馈”的工作机制，确保北京周边地区危险化学品运输安全。

奥运安保之军队：应对非传统领域安全威胁

从近几届奥运会举办国的安保工作情况看，无论是盐湖城的冬季奥运会，还是悉尼、雅典的夏季奥运会，军队都参加了安全保卫工作，并发挥了显著作用。军队参加奥运会安全保卫工作是国际惯例，符合我国宪法和国际公约。北京奥运会召开期间，安保工作主要由警察、专业保安人员和志愿者承担，人民解放军主要负责应对来自非传统领域的安全威胁，重点是反核生化等恐怖袭击。作为奥运反恐系统的中坚力量，解放军军队主要由武警部队、空军反恐部队、海军陆战队以及反核生化恐怖袭击部队这四股主力力量构成。

根据奥运会安全保卫整体方案，北京奥运安保指挥中心军队工作部透露，奥运期间，中国人民解放军将按照合理用兵、科学用兵的原则，出动陆军、海军和空军部分力量，共计34000多人参与这次奥运安全保卫工作。动用的武器装备包括74架飞机、48架直升机、33艘舰船以及部分地空导弹、雷达和防化工程保障装备等。解放军陆海空军部队主要承担七个方面的任务：一是各赛区的空中警戒；二是濒海赛区及周边赛区的海上安全警戒；三是协助公安和武警部队防范和打击恐怖活动；四是各种灾害、灾难的抢险救援；五是协助做好边境的管理和控制；六是协助做好有关情报信息保障工作；七是其他需要军队协助的临时性任务。

海军：海军部队在奥运会期间，在赛区周边的有关海域划定限航区和禁航区，并组织24小时的巡逻警戒，确保形成闭合的管控区域。同时，还将组织雷达、观通等力量，加强对海区的搜索、观察，组成多层次的观察和防御体系。所有的海上比赛项目场地在使用之前，海军蛙人部队将携带声纳装备对水下进行安全检查和探摸，在排除可疑物体和各种安全隐患，确保万无一失之后，交付海警控制。针对海上可能发生的安全意外事件，海军将根据需要和指令，使用水面舰艇、直升机和潜水分队协助救援人员搜救任务，并在发生台风、海啸、风暴潮等自然灾害时候，直接担负海上的搜索救援任务。

陆军：陆军部队涉及沈阳、北京、济南和南京四个解放军大军区，以及总部直属的陆军航空兵、工兵、防化、卫勤等专业部（分）队。还将动用作战飞机、直升机、舰船、地空导弹、雷达、防化、工程保障等武器装备，确保奥运会安全。

空军：奥运会期间，北京和其他赛区上空将划设限飞区和禁飞区，实行一定范围的净空管理。军队将依托平时空防体系，预防和及时处置空中异常情况，特别是空中恐怖袭击。在各赛区划设查证区、警告区、外逼区、迫降区和最后处置区，依此顺序，主次采取警告、外逼、迫降直至攻击。针对低空慢速小目标管控难、侦测难、处置难的问题，军队正在配合公安部门提高侦测、干扰和处置能力，同时加强地面的管控，严格禁止低空慢速小飞行器升空。

反核生化恐怖事件的专业部（分）队：军队发挥专业力量强、特种装备全和实战经验多的优势，重点参与应对奥运会期间有可能发生的核生化恐怖袭击。军队已经协助公安部门，在奥运会场馆等重要目标周边，部署了先进的核生化安全检查、监测设备和专业军人，设置了“排查封馆、入场安检、馆内巡测、定点监测”四道防线，具备了及时发现核生化物质、实施先期处置的能力。奥运会开幕前，专业的防化、工程、医疗卫生和陆军航空兵部队还将在场馆周边进行24小时待命，一旦发生情况，将协助公安在第一时间到达现场进行处置。

除了把重点放在维护海空安全和反核生化恐怖事件上以外，为应对可能出现的其他自然灾害、事故灾难、公共安全、社会安全事件，军队还预备了一部分机动力量，协助地方政府实施紧急救援。军队的有关紧急救援预案均已完成，应急物资储备已经到位，并组织了相关演练。中国人民解放军参加奥运安保工作的各部队，完全有决心、有信心、有能力完成中国政府赋予的各项任务，为奥运会提供坚强有力的保障。

四军区担负空海安全和反核生化恐怖任务

在北京奥运会期间，解放军将按照“就近用兵”的原则，动用陆军、海军和空军的部分兵力参加奥运安保工作。陆军部队涉及沈阳、北京、济南和南京军区，以及总部直属的陆军航空兵、工兵、防化、卫勤等专业部（分）队。此外，还将动用作战飞机、直升机、舰船、地空导弹、雷达、防化、工程保障等武器装备，确保奥运会安全。

北京军区：7月19日，武警北京总队召开誓师大会，吹响了奥运安保冲锋号角，万余名官兵信心百倍地走上打造“平安奥运”的各个岗位。北京奥运会期间，这个总队直接担负竞赛和非竞赛场馆、首都机场、重要涉奥目标守卫，要人住地、活动现场、路线警卫以及奥运会开闭幕式等大型活动的安全保卫。他们先后论证制定了军事、政工、后勤等几十个方案预案，完成了总队各级作战指挥中心平台改造；推进了奥运场馆执勤信息系统建设；广泛开展“奥运大练兵”，研究探索了7种奥运安保执勤模式；制定了场馆执勤、干部配备、警械携带管理使用等一系列规定、细则。

7月18日，代号为“奥安—08”的北京军区参加奥运安保行动实兵现地演练正式开始。这是北京军区奥运安保任务部队首次举行应急指挥处置和实兵现地演练。此次演练着眼实现“平安奥运”的战略目标，以应对重大突发事件为背景，以处置核生化袭击为重点，按照实际任务、实际兵力、实际地域、实际行动的要求，深入研练遂行核生化救援等任务的现场指挥和处置行动。在同一时间，北京军区担负天津、秦皇岛赛区奥运安保任务的部队，也分别实施了实兵现地演练。

沈阳军区：7月30日，沈阳军区车辆技术状况安全专项检查抽样结果显示：300余台被“红牌罚下”先期停驶的车辆正在积极进行整改；700余台车辆的安全隐患得到了有效排除。这是沈阳军区为确保奥运期间安全所采取的一项具体举措。沈阳是奥运会协办城市，沈阳军区对奥运期间的车辆安全管理和提高车辆战技性能非常重视，要求坚决杜绝因车辆技术状况差和使用假冒伪劣配件、劣质油品而影响行车安全。军区重点对指挥车、乘座车和担负各种执勤任务的车辆技术状况进行专项检查，要求存在安全隐患车辆限期停驶整改。

济南军区：7月28日深夜12点，在对奥运安保目标进行现地勘察后，济南军区某陆航团紧急召开奥运安保指挥组会议，对奥运安保的空中航线、应急情况处置等内容再次进行研究和论证。这是他们半个月内对突发情况处置方案进行的第四次完善。作为空中救援队，该团承担了青岛奥帆赛的空中应急保障任务，随时作好飞行出动准备以应对各种突发情况。青岛上空航线密集，近海地区空气湿度大、云层高度低，加上城市飞行辨别障碍物的难度加大，这些给他们执行奥运安保任务带来了巨大的困难和安全压力。为确保实现“平安奥运”的目标，这个团在依法从严治军确保自身安全稳定的同时，始终保持着高度紧迫感，坚持以实战的标准抓好奥运安保各项工作。部队赶赴青岛前，他们就制定了11种突发情况的应对处置措施，并明确了责任划分、人员编配和组织协调机制。从到达青岛后的第三天起，这个团就组织飞行骨干多次对重要目标进行现地勘察，了解了青岛市高大建筑物的具体位置、高度和飞行规避方法，同时根据掌握的七、八月份的天气情况，修订和完善了出动方案和空中航线，为确保飞行安全和奥运安保任务的完成上了一道“保险锁”。在前期确定的突发情况应对处置方案预案的基础上，他们根据现地执行任务的需要，补充了夜间城市起降、与友邻部队协同配合、大场次紧急出动、陌生空域飞行等四项处置措施，并组织紧急出动等多项实战科目的演练，以更加贴近实战的标准和更加细化具体的措施，扎实做好奥运安保准备工作。

南京军区：南京军区担负奥运安保任务的部队紧扣训练重点，立足复杂困难情况，制订详细的临战训练计划，扎实提高部队遂行奥运安保任务的能力。前进指挥所依托视频指挥系统，采取“听、看、演、研”相结合的方式，先后组织了两次指挥员集训，进一步熟悉政策规定、行动预案，了解安保环境和交通、兵力编组等情况，研究、规范了反应灵敏、指挥快捷、行动迅速的指挥和处置程序，保证了快速机动、及时准确处置突发情况；工兵分队重点开展了防爆安检和搜排爆训练；防化分队组织了核生化安检和防化应急救援训练；陆航分队突出了昼夜间城市小场地起降训练；医疗分队则针对卫生防疫和医疗救护等重点展开训练。通过演练，各任务部队对突发情况的专业应急救援能力得到进一步提高。

军队安保演练

● 7月9日，河北省公安边防总队联合海军、海事、渔政等单位在秦皇岛海域举行海上奥运安保演练。

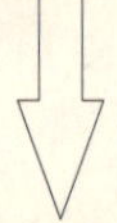

● 7月11日，安徽省巢湖市警方举行奥运安保反恐演练，上百名特警队员进行了解救人质、排除爆炸物等课目的实战演练。

● 7月11日，新疆兵团“军垦—08”反恐演练全面拉开，设立爆炸现场处置、反劫持人质等课目。此次演练，公安、民兵、卫生、消防、交通、城市建设等部门在第一时间迅速出击。全面检验了兵师两级反恐安保指挥协调能力、侦查打击能力、消防反应能力、封控疏散能力，展示了奥运安保专业队伍应对突发恐怖袭击事件的能力和水平。

● 7月13日，武警湖北总队一支队特勤大队举行实兵演习。奥运前夕，该支队举行了多次实兵、实装演习，有效提高了部队应急处突能力。

● 7月16日，河北省奥运安保领导小组组织边防、陆航、海军和河北政法系统等单位在秦皇岛市举行奥运安保陆海空联合实战演习。同日，河北省奥运安保反恐综合演习在秦皇岛市举行，模拟球迷赛场闹事、恐怖分子在奥体中心制造爆炸事件等科目展开演练。

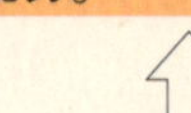

● 7月23日，“八桂·2008”奥运反恐应急演习在广西南宁市举行。武警广西总队进行反爆炸、反劫持人质等科目的演习，提高了部队反恐应急能力。

● 7月24日，上海警备区海防某旅进行了奥运安保演练，在1个小时里成功处置突发事件，演练了多个反恐课目。

● 7月25日，海军南海舰队某潜水分队苦练水下探摸本领，对“鸟巢”周围水系采取一字形地毯式全面搜索排查。

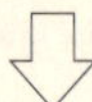

● 7月26日，武警四川支队反恐特战队员在成都市北郊进行实兵演练。

● 7月30日，总政保卫部进行了一次处置严重暴力犯罪案件演练。这次演练共演练了预先准备、接报处置等5个训练课题。

新装备守护奥运

北京奥运安保十大“秘密武器”

名称	主要特点及功用
全球眼	在港口码头的重要地段配置的视频监控系统，实施24小时监控，以提高奥运安保期间港口反恐、处突的快速反应能力。

续表

名称	主要特点及功用
排爆机器人	可用于在复杂地形进行排爆。具有出众的爬坡、爬楼能力，能灵活抓起多种形状、各种摆放位置和姿势的嫌疑物品，可远距离连续销毁爆炸物。
便携式X光检查系统	能对所有的手提包和大的包裹、行李箱进行快速一次性检查，并快速安装、实时成像，满足机场、车站、边防检查、缉私缉毒、公安排爆等机动安全检查的需要。
红外线伸缩视频探测器	有广角镜头，拍摄范围比较广，还可用于近距离观察。探杆可以拉至所需要的长度，对人工观察不便的“犄角旮旯”进行清晰观察。
危险液体探测仪	主要被用来对密封容器内的易燃易爆液体进行无接触的探测。能快速安全地检查各种不同材质容器内的液体，而且不需要破坏容器上的封印或者标签。当感应器贴近饮料，指示灯为绿色，说明容器内的液体为非可燃性；贴近汽油，指示灯为红色，说明液体具有危险性。
搜爆犬	2008年初，公安部下发了选调搜爆犬和带犬民警参加奥运安保工作的任务。公安部在全国共挑选204只精良的搜爆犬，参加奥运安保工作。从6月初开始，这支搜爆队伍将在北京集训1个月，并直接参加为期4个月的奥运会和残奥会的安保工作。
排爆服	能够防护爆炸后产生的超压、碎片、冲击波，对排爆专家进行全方位的保护。其头盔里，装有智能型电池驱动电源系统和排风系统，还有智能式声音放大器及巨响防护装置。它的配置更加齐全，腕部配有头盔遥控器，调节和控制更加方便。一米范围内，500克炸药爆炸不会危及排爆者的生命。
强力弩弓	反恐突击队员使用的强力弩弓可穿透15厘米厚的树木，主要用于隐蔽突击作战、解救人质，是特战队员有效的攻击性武器。
警用直升机	噪音低和载重大是其最大特点。因其结合欧洲直升机公司的低噪音涵道尾螺旋桨专利技术，从根本上减少直升飞机噪音。EC-135外部噪声水平比管制的规定低6分贝，允许在居民区和医院上空操作。全长12.16米，机高3.51米，机宽2.67米，旋翼直径达10.2米，有效载重2.85吨，最大飞行高度3000米，最大飞行速度278公里/小时，最大航程735公里，续航能力为35小时。
地空导弹	以法制“响尾蛇”导弹为原型研制的超低空、近程地对空导弹武器系统采用红外、电视、雷达复合制导，射程达500至12000米，单发命中率达八到九成，可有效阻截直升飞机、无人驾驶飞机及巡航导弹。

奥运百科 AOYUN BAIKE

残奥会吉祥物——福牛乐乐

残奥会吉祥物设计方案的灵感来自中国古老的农耕文明，具有以下特点：诠释出丰富的北京残奥会理念和奥林匹克精神；体现人与自然的和谐共处，反映出北京奥运会“绿色奥运，人文奥运”理念；具有浓郁的民族风格和文化特色；牛的形象在国际上具有广泛认同性；具有广阔的延展设计和市场开发空间。

一次重要的发展机遇——北京奥运会成功的启示

2008年8月30日，《人民日报》发表题为《一次重要的发展机遇》的“北京奥运会成功启示”系列评论文章表示，北京奥运会已经完美谢幕，而它带给中国的发展机遇则刚刚开始。

作为当今世界最大规模的国际性、综合性的大型社会活动之一，现代奥运会以其巨大的综合效益推动社会发展，成为“当代最伟大的社会力量之一”。现代奥运会已经走过了100多年的历史。百余年来亚洲虽然只举办过两届奥运会——1964年的东京奥运会和1988年的汉城奥运会，但这两届奥运会有力地推动了日本和韩国的现代化进程。

中华民族是一个善于学习的民族。从战国时代的胡服骑射，到盛唐时期对各国文化的兼收并蓄，再到改革开放的今天撷取世界文明成果为我所用，中华民族在文化的交流与学习中汲取各种养分，不断发展壮大。从两度申办，到7年筹办，再到完美谢幕，中华大地所焕发出的空前热情、出现的可喜进步，无不昭示着：我们之所以举办奥运会，不仅是以奥运为舞台展现新中国的繁荣发展，更是以奥运为契机，推动经济社会发展，加快现代化建设进程。

把握奥运带给我们的机遇，需要认真梳理奥运给我们留下的丰厚遗产。这种遗产不仅包括雄伟壮观的场馆建筑，更包括在筹备和举办奥运会的过程中，所显示的一个现代化国家所应具有的品质：天更蓝了，地更绿了、水更清了，生态文明的步伐大幅加快；从“鸟巢”、“水立方”等体育场馆新技术的创新应用，到节能灯饰及少烟雾少污染烟花的成功研制，科技的进步和创新成为潮流；从百万志愿者的微笑，到对秩序和法制的尊重，人民文明素质日益提高……不断使这种“品质”内生为习惯，演化为机制，积淀为能量，必将成为我们推动科学发展、促进社会和谐的持久动能。

把机遇转化为优势，需要在全球化的视野中检视自身，更需要在改革创新中与时俱进。从申奥时“坚定不移走向世界”的信念，到举办奥运会进一步拓展的世界眼光，今天的中国将变得更加自信，更加开放。奥运会之后，对中国而言，要更加积极主动地贯彻落实科学发展观，以统筹国内国际两个大局的宽广视野，处理好经济社会发展的一系列问题，保持国民经济平稳较快发展的良好势头。

北京奥运会“不同凡响”的辉煌属于过去，而北京奥运会所带给中国的机遇，则属于未来。珍视这种机遇、把握这种机遇，为经济社会进步提供全面、协调、可持续发展的动力，中华民族的伟大复兴的征程必将迈出新的步伐。

守护京城的“三道治安防线”

2008年7月15日上午9时，北京市公安局正式启动巡逻防控“三道治安防线”工程，与外省市接壤的第一道防线卡点将对所有进京车辆进行安全检查。京津塘、京开（106国道）、107国道、京石、京哈、103国道、101国道、京沈高速可能出现车辆拥堵。

全市“三道治安防线”由数百个卡点组成，由民警、武警、辅警、治安保卫人员组成联合工作小组。

第一道防线是在外省市直接进入北京的高速公路，国道，市、区（县）、乡镇及村级道路上设置治安检查站点。在首都国际机场，设置检查岗亭，安装安检设备，对过往的人员和货物进行检查。此外，对进京的重点列车实施登车检查。

第二道防线是在北京市环城带地区的门头沟、房山、通州、顺义、昌平、大兴等六区直接进入市区或在通过五环路、六环路进入市区的主要道路上设置卡点。

第三道防线是在北京市城八区的主干道、联络线以及二环路、四环路路口设置卡点，在各条高速公路设置的卡点与第一道防线的相关卡点要形成复式卡。第二、三道防线的勤务模式为动态巡逻防控。

北京警方提示广大驾驶员：按照当地交管部门关于奥运期间车辆进京的相关规定做好出行前的准备；当接受民警检查时，请驾驶员停车并熄火接受检查；当遇有民警检查时，驾驶员应向检查人员提供驾驶证、车辆行驶证，打开车辆后备厢锁扣，配合检查人员检查随车物品；乘客出示个人身份证或有效的户籍证明，配合检查人员检查随身物品；在进出京治安检查站点备有饮水和防暑应急药物，如有需要，警方随时为过往人员提供服务。

可能造成车辆拥堵的道路有：大兴—京津塘高速路、京开高速路（106国道）；房山—107国道、京石高速路；通州—京哈高速路、103国道；密云—101国道；朝阳—京沈高速路。

京津塘、京开、京石、京沈高速及103、107国道上的卡点，因交通流量大，车辆人员需要接受安检，造成拥堵，为此北京警方迅速调整五项安检工作流程，出台“外埠已检查车辆直接放行”等措施疏堵，并连夜向各站点发出通知。

北京市公安局7月15日派出相关部门警力来到各主要卡点进行了现场观察，随即研究调整了安检工作流程，并连夜向各站点发出通知。调整具体如下：

各治安检查站对按照协商，已由河北、天津对应治安检查站检查的进京车辆，不再进行重复检查，直接放行。有条件的检查站，要开辟快速通道，让已检车辆快速通过；

各治安检查站在只有单车检查道的情况下，要安排至少2个检查小组同时检查；有条件的检查站，要增加进京车道，提高检查效率和通行速度；

7月15日至7月19日24时前，各治安检查站对进京车辆、人员由所有车辆都查变化为逢疑必查；

对检查中存疑的车辆或人员，要立即带离现场，离开车道，及时移交属地派出所查处，避免因占路时间过长造成拥堵；

对发生拥堵的站点，各分县局主管领导、巡警支大队长亲临一线指挥，采取必要措施，尽快解决交通拥堵问题。

平安奥运行动：中国对全世界的庄严承诺

“平安奥运”与“科技奥运、绿色奥运、人文奥运”理念一样，既是中国人民举办奥运会应当贯穿的重要理念，也是我们对世界作出的庄严承诺。二是“平安奥运”是一个重要目标，包括社会稳定、赛场安全和形象文明，要求我们不但要全力保障奥运会安全，而且要为奥运会创造和谐有序的城市环境和社会氛围，向世界展示北京作为世界历史文化名城，经济繁荣、社会有序、环境优美、生态良好的现代化国际大都市的崭新面貌。三是“平安奥运”是举办一届有特色、高水平奥运会的重要组成部分。“平安奥运”的核心是“平安”，要求我们要把保障奥运会安全、创造和谐有序社会环境的各项工作贯穿于奥运会筹办和举行的始终；要求我们的各项工作都要围绕着实现“平安奥运”这个目标，来思考问题，研究工作，部署力量，落实措施。

安全问题是历届奥运会的重中之重，从慕尼黑的人质事件到亚特兰大的爆炸案，安全牵动着历届奥运会举办城市的神经。在奥运会开幕前，主办城市北京和其他协办城市结合各自特点采取一系列安保措施，确保奥运会安全举行。

北京：积极开展“平安奥运行动”

北京从2008年1月起至奥运会结束，在全市开展“平安奥运行动”全力保障奥运会。“平安奥运行动”分为三个阶段：

第一阶段，1~5月为治理整顿阶段。这阶段的主要任务是组织力量对影响安全稳定、涉及社会治安和城市秩序的突出问题和难点问题，集中开展治理整顿，最大限度地净化社会面秩序，创造安全有序的城市环境和文明和谐的社会氛围。具体包括如下几个方面的内容：组织开展刑事犯罪严打整治行动，重点打击涉黑涉恶刑事犯罪和团伙犯罪活动，街头“两抢”、拎包扒窃、社区入室盗窃和机动车盗窃等严重影响社会安全感的侵财性刑事犯罪活动，确保实现刑事发案明显减少，社会治安秩序明显好转，群众安全感提高。加大对文化娱乐服务场所专项清理整治，重点清理各类无照“经营”、超范围经营等非法经营活动，打击涉黄、涉赌、涉毒等违法犯罪问题，净化社会治安环境、消除治安隐患，确保实现各类文化娱乐服务场所经营规范、秩序良好，无重大治安和安全隐患。开展城市秩序综合整治，重点整治治安混乱地区和黑车非法运营、制假贩假、非法小广告等各类突出城市管理秩序问题，确保实现各类城市管理秩序问题明显减少，城市秩序和市容环境明显改善，群众满意度提高。开展对流浪乞讨人员集中救助，重点对流浪未成年人开展保护性强制救助、对长期滞留重要公共场所的流浪乞讨人员进行集中救助，重点打击治理各类强乞恶要、胁迫诱骗未成年人乞讨等违法犯罪现象，确保实现各类重点区域流浪乞讨现象明显减少，公共场所无未成年人流浪乞讨现象。组织开展安全隐患排查整治行动，重点明确安全监管的行业管理责任、行业监管责任和综合监管责任，对生产安全、公共安全、消防安全、交通安全、公共卫生安全等领域的安全隐患进行全面排查整改，确保实现各类安全隐患因素明显减少，安全隐患问题得到有效治理和控制。组织开展矛盾纠纷排查化解工作，重点对影响社会稳定的突出矛盾纠纷和信访问题进行集中排查化解，确保实现各类矛盾纠纷隐患因素明显减少，已发现矛盾纠纷问题得到妥善处置化解或控制。开展对流动人口和出租房屋基础调查，确保实现流动人口和出租房屋底数清、情况明，流动人口中的违法犯罪现象、出租房屋安全隐患和可能引发流动人口群体性事件的矛盾纠纷问题明显减少，流动人口和出租房屋管理有序、服务到位。开展涉奥场所及周边地区专项清理整治，重点整治各类涉奥场所周边的治安、安全隐患和城市管理问题，确保实现各类涉奥场所、设施无重大治安和安全隐患、运行正常，周边秩序良好。

第二阶段，6~7月奥运安保进入巩固防范阶段。这一阶段的主要任务是启动环京“护城河工程”、加强社会面日常防范控制、建立长效防控工作机制、开展全市社会面控制工作联合测试演练，并对第一阶段重点专项行动的工作成果组织检查验收。通过严格落实各项防范管理措施，保持和巩固整治成果，防止各类问题出现反弹，保持良好社会环境秩序，并在此基础上针对城市秩序问题建立完善各项长效防控管理机制。

第三阶段，7~8月奥运会举办期间为实战运行。这阶段的主要任务是全面启动和实施《奥运安保社会面控制工作运行方案》，综合考虑社会面控制工作压力大小、奥运赛事安保任务轻重缓急等因素，对社会面落实等级防控措施，实行全天候、全方位立体防控。重点对涉奥场所、设施、路线及其周边区域实现持续和有效防控。同时，着力加强社会面安保各项应急准备和应急处置工作，确保奥运会期间全市社会面的绝对安全，保障奥运会各项赛事安全顺利进行。

七个方面推进奥运安保各项筹备工作：北京奥运安保工作启动后，北京市紧紧围绕“平安北京”保“平安奥运”的总体要求，按照“整体防控，突出重点，点面结合、以点带面、以面保点”的工作思路，多策并举，扎实高效从七个方面推进奥运安保各项筹备工作。一是建立了三级奥运安保指挥体制，确立了赛时指挥运行机制和运作模式，基本形成了“责权明晰、指挥顺畅、信息灵敏、运转高效、处置有力”的安保实战指挥体系。二是针对安保工作不同特点，明确了“分级管理、分级部署、分层控制”的动态化安保勤务模式，并在此基础上，制定了奥运安保总体性、指导性方案以及各类具体方案、预案，基本形成了奥运安保方案体系。三是对奥运安保相关工作原则、标准、政策进行了深入研究，全面模拟、预测赛时可能发生的各类问题，研究提出了安保执法政策意见。四是完成了全部奥运安保科技信息系统总体设计并展开全面建设，各个场馆安全防范科技系统建设得到有效落实。五是不断深化社会治安防控体系建设，搭建跨警种、跨部门、跨地区的信息采集、关联共享和实战应用平台，社会面防控水平不断提高。同时，不断完善联动执法保障机制，全力开展社会治安综合治理，城市治安环境秩序明显改善，有效提升了“面”上对“点”上工作的保障能力。六是针对国际反恐形势和安保工作实际，本着“防范处置并举，重在防范”的原则，构建了多层面、多领域互联互通的反恐处置指挥平台，有效整合各方面反恐力量，处置多点多类恐怖袭击事件的能力明显增强。七是加强安保培训工作，先后举办各种专项培训，并通过测试赛对安保培训效果及整体工作运行进行全面测试、演练。

上海：以面保点轻松祥和迎奥运

上海作为北京奥运会协办城市之一，将主要承担奥运会12场足球比赛和奥运火炬接力（包括残奥会火炬接力）两大任务。2008年北京奥运上海分赛区安全工作总目标为“确保赛事和其他奥运任务的安全，确保参赛及观赛人员的人身安全，确保赛事期间良好的治安环境”。为此，上海方面表示将严格按照北京奥运安保工作的总体要求，动员社会各界力量，“以面保点”，全力做好安保工作。所谓“点”即与奥运赛事有关的人员、活动场所；所谓“面”即整个社会环境。奥运期间，社会各界力量将通过上海市应急联动中心这个平台会聚，积极投入奥运安保，全力维护上海整体社会环境的稳定、有序，以轻松祥和的氛围迎接奥运，确保奥运平安顺利。奥运期间，上海市所有固定公用电话均可直接拨通“110”报警求助热线，无须事先插卡或投币，另外，相当部分24小时超市、便利店都设有报警点。“110”报警求助热线还可以提供英语、德语、法语、日语、俄语、朝鲜语、西班牙语、阿拉伯语等8个语种的服务，为在沪境外人士提供安全保障。

天津：全力以赴保障奥运安全

2008年北京奥运天津分赛区的安保工作重点，将放在“以面保点”、创造安全条件、保证良好环境上。为此，天津警方表示，将严格按照北京奥运安保工作的总体要求和部署，动员社会各界力量全力以赴做好安保工作，确保赛事和其他奥运任务的安全，确保参赛和观赛人员的人身安全，确保赛事期间天津社会治安环境的持续良好。为了更好地给各国和地区奥运参赛选手及宾客提供优质高效的服务，2007年10月，天津警方“110”在汉语报警服务的基础上，增加了英语、日语、韩语、西班牙语等4个语种的报警服务，并开通了以上5种语言天津警务网。在落实各项安保措施的同时，天津警方于2008年1月份在天津外国语学院举办了迎奥运警务英语培训班。在英语水平达到四级以上或具有同等英语水平，有一定英语会话能力的民警中，选拔一批胜任奥运会涉外勤务工作的民警，进行集中培训。与此同时，天津警方特别注重日常英语培训工作，每天固定时段在办公区播放“迎奥运学英语”辅导手册录音，全面提高民警使用警务英语的能力和水平。

青岛：“卫帆行动”保平安

2008年奥帆赛期间，山东公安边防总队将重点承担比赛海域海上控制区、封闭区和奥帆中心港湾等的安全警戒、管控和封锁，以及口岸出入境边防检查、沿海边防辖区社会治安管控等安保任务。“卫帆行动”系列演习和执勤为他们积累了丰富有效的经验。为做好奥帆赛的服务保障工作，山东公安边防总队先后派员前往北京、上海出入境边检总站学习取经；针对奥帆赛参赛选手国籍广泛的特点，开展证件资料收集和培训工作，提高口岸通关速度；各空港、海港口岸边防检查站还重点组织开展奥运知识、外语、礼仪等培训，并将启动 “奥运会专用通道”，成立“奥运应急保障分队”，为参赛运动员、官员、官方代表团提供出入境便利。

沈阳：借“平安奥运”建“平安沈阳”

作为北京奥运会协办城市，沈阳以“平安奥运”为载体，全面建设“平安沈阳”。为确保沈阳赛区奥运安保工作顺利开展，沈阳警方组织各警种集中开展了处置各类突发事件的演练活动，共规划了6个层面、13个专项工作和具体岗位的安保措施，在体育场3个入场通道设置安检区，对入场观众使用手持金属探测仪进行严格的安全检查并设置10部安检门进行了测试，效果非常明显。另外，沈阳市政法部门还以“平安奥运”为契机，将建设“平安沈阳”的工作落实到日常工作中。在沈阳市政府2008年将为老百姓办的20件实事中，启动“2431”工程就是其中一件。所谓“2431”工程，就是用2年时间，在4个层面、30个领域，树立100个平安建设示范样板，在街道、乡镇和社区、村层面，重点在平安金融、平安企业、平安校园、平安医院、平安工地、平安旅游景区、平安公交线路、平安广场、平安运动场、平安餐饮场所等30个领域，抓好“平安沈阳”建设的推进工作。

秦皇岛：启动“迎奥运安全保障工程”

秦皇岛在关注场馆、住地、路线等重点区域安全的同时，注重社会面的整体和谐稳定，确立了“以面保点”，以“平安秦皇岛”打造“平安奥运”的工作理念，自2007年12月至2008年北京奥运会闭幕期间，实施“迎奥运安全保障工程”，为北京奥运会顺利举办保驾护航。秦皇岛为实施“迎奥运安全保障工程”将做到三个“强化”：强化协调，要进一步研究安保指挥机构的运行机制和工作对接方式，细化安全保卫工作流程，使奥运安保各成员单位在奥运安保指挥中心的统一指挥下，形成归口负责、协调联动的奥运安保工作运行机制和反应灵敏、协调有序、运转高效的奥运安保合力；强化时效，各部门、各单位倒排时间进度，细化分解任务，明确岗位职责，确保各项奥运安保工作有计划、按步骤地有序进行；强化责任，建立严格的工作责任制，既明确各成员单位“一把手”是奥运安保工作的第一责任人，又以岗定责，形成“奥运安全、人人有责”的局面。秦皇岛赛区奥运安保协调小组将加强对各单位的协调、督导，根据各部门的时间和任务安排计划，进行定时、定点、定质、定量检查。

○●2007年7月30日，安检人员在对顺义奥林匹克水上公园进行场地安检。当日，北京奥运安保指挥中心防爆安检部在顺义奥林匹克水上公园举行“好运北京”体育赛事防爆安检工作启动仪式，对比赛时的人身安检、车辆安检、场地安检及涉爆现场处置等科目进行了实战演练，演练体现了多警种的协同配合。

奥运场馆安保全面布控

在北京，共有23个竞赛场馆（群）、22个独立训练场馆（群），以及签约饭店等200多个涉奥目标。北京奥运会的安保部门在奥运场馆设计和施工过程中，落实了很多安保措施，如物流设计、安检设施、图像监控布点等工作，与场馆建设同步，并在测试赛中投入使用。按照这些设计，所有奥运场馆周界都设立了2米多高的封闭围栏，围栏上有红外线对射报警器，场馆入口设置了人、车、物品安检设备，场院和馆内安装了视频监控探头，重点部位使用了门禁控制系统，场馆指挥部和其他安保用房安装有图像监控、有线无线通信设备系统。场馆安保进入赛时状态后，上述所有设备将24小时运转。

奥运会开幕前，这些重点地区全部进行了搜爆安检，搜爆结束后场馆的安保工作完全达到赛时运行标准。相关部门在涉奥场馆、运动员村周界和内部部署安保力量，实施警戒守卫和巡逻防控，每一个场馆都制定了全面、细致的安保方案和突发事件处置预案，可以确保在日常和紧急情况下迅速、有效地处置各类突发事件。

奥运场馆安保规划建设

按照奥运场馆安保工作“同步规划、同步设计、同步施工、同步验收、同步使用”的5同步原则，在场馆规划设计阶段，就从保障赛时安保工作顺利进行的角度，提出了安保部门的需求。

一是在外围安装安保封闭围栏，对场馆实行物理封闭。围栏上设置红外对射报警器，可以及时发现非法侵入人员，并发出警报。

二是在安保封闭围栏内划分不同区域，实行分区管理。分别规划了观众、贵宾、运动员、媒体等各类人员和车辆进出场馆的流线，以保障各类人员流线互不交叉。

三是按照“远端安检”的原则，在安保封闭线观众、贵宾、媒体、运动员、技术官员等不同人员入口设置人、车安检设备，可以满足各类客户群和车辆在短时间内进入场馆的需要。

四是在场院区和馆内安装有视频监控探头，以实现对公共区域、重点部位的全面监控。

五是为确保重点部位的安全，我们使用门禁控制系统对该部位的人员出入进行管理，以阻止无关人员进入，确保内部良好的安全环境。

六是在每个场馆都设置了场馆安保指挥部，安装有图像监控、有线无线通信系统，可以随时掌握安保工作运行情况。特别是在出现突发危机时，可快速调动安保人员进行紧急处置，形成可视性立体指挥体系。

奥运场馆安保运行部署

按照“以场馆为基础”的场馆化工作模式，每一个场馆均组建了场馆安保团队，具体负责该场馆的安全保卫工作。每一个奥运场馆配备了一名经验丰富的场馆安保副主任。奥运赛时，场馆内安全问题主要由安保主任和安保团队化解和解决。

场馆启用前，将对场馆进行防爆、消防等方面的地毯式安全检查。随后场馆将实行封闭管理，所有进入人员、物品以及车辆均要实行证件准入和安检准入。同时，按照“人防、物防、技防相结合”的原则，最大限度严密安全防控措施，把安全风险降至最低。具体工作中，将采取以下具体安保措施：

一是在安保封闭线部署专门力量，对安保封闭线进行24小时巡逻控制。同时，在场院区和训练馆外围部署巡逻控制力量，以有效防范和处置非法侵入事件。

二是在场馆人员、车辆入口部署安全检查人员，配备安检门、X光机和手持探测器，对持票证进入的人员、物品、车辆进行安全检查，最大限度地保证进入场馆人员的安全。经安检通行能力测算，安检过程可在较短时间内完成，不会使进入人员、车辆在场外久等。

三在场馆内部署了安保人员负责对看台入口、安全疏散通道、观众坐席进行巡视，随时处理以上区域内发生的安全问题。

四是在比赛场地专门部署了安保力量，以及时制止、处置观众跳入场地、非竞赛人员冲闯场地等干扰比赛正常进行的行为。

五是安排专业力量负责兴奋剂、奖牌存放室的看护，同时监督场馆负责人落实重点要害部位的安全措施。

六是部署消防专业力量，监督、检查场馆防火安全措施落实情况，随时对现场发现的火险隐患进行消除。

七是部署交通民警在场馆外围进行交通疏导和车辆调度，确保各类客户群车辆进出方便，车辆停放有序，交通秩序良好。

八是在场馆设立报警服务站，为到场的各类客户群提供报警服务、捡拾物品招领服务以及相关事项的咨询。

九是为快速处置场馆内可能出现的突发情况，每个场馆都配备了勤务支援力量，由本场馆安保指挥部直接调动。将根据突发情况的类型和程度，对相关安保岗位进行勤务支援，开展先期处置。

赛事安保筹划

为做好赛事的安保工作，北京市公安局提前动手，统筹规划。一是制定了“好运北京”系列体育赛事安保整体测试工作方案以及赛事涉及场馆、住地专项安保方案，明确了“同步运转、整体联动、以面保点、全方位测试”的工作原则。二是于6月份启动了仰山桥指挥部，作为实施场馆和赛事勤务指挥的综合平台，统一组织开展好运北京体育赛事安保工作。三是加强了场馆安保团队进驻工作。四是强化基础，全面落实“以面保点”安保措施，继续保持全市良好的社会治安秩序。赛事期间，重点对以下内容进行测试：

安保指挥体系运行测试。对“好运北京”组委会安保组与安保指挥中心配合协调机制，安保指挥中心内指挥体系工作模式、岗位设置、运行机制、联络协调能力、技术系统进行测试。

场馆化安保运行模式测试。组建场馆安保团队，依据场馆ABCD等级方案原则，全面推行场馆化安保动态勤务模式，重点测试检验安保措施的执行效果。

防爆安检工作测试。根据防爆安检工作组织管理、勤务模式、人力资源、器材使用保障需求，分层次、分重点、分步骤组织实施防爆安检测试工作。

社会面整体防控机制效果测试。本着以“平安北京”保“平安奥运”的指导思想，按照“点面结合，以面保点”、“专群结合，以群辅专”的工作原则，全面测试检验社会治安整体防控体系建设成果。

后勤、科技支撑保障测试。重点对赛时安保保障工作情况以及安保科技系统运行情况进行测试。

各项安保方案、预案的测试。重点是测试各实战单位执行竞赛场馆、非竞赛场馆、签约饭店、防爆安检、交通组织、社会面控制等安保工作方案、预案执行情况。

协调工作机制测试。重点测试与各相关部门、省市协调联动工作机制的规范性和牢固性。

赛场安保工作组织测试。重点测试奥运安保人员着执勤便服，通过有效的赛场安保组织工作，既保证赛事顺利进行，观赛群众能够享受赛事带来的快乐，又充分发挥安保团队的职能作用，在执勤岗位上加强服务，维护良好的赛场秩序，实现既确保安全，又营造欢乐和谐的节日氛围的工作目标。

奥运场馆安检通用规则

2008年3月20日，北京奥组委公布《奥运场馆安检通用规则》，这是2008年奥运会场馆防爆安检工作的依据。

《奥运场馆安检通用规则》规定共8章20项内容，明确了安检专业工作的原则、方法、程序和禁限带物品，对残疾人、运动员、媒体等不同群体提供个性化服务，并对奥运场馆器材设施配备、安检场所分级配备、人力资源配备等作出了详细规定。

根据规定，在进行场馆安检时，人身安检器材的最小配备单元为“一机两门”，即1台X光机、2台金属探测安全门，每小时可通行普通观众800名，通行媒体人员400名。车辆安检器材的最小配备单元为1部自动车底检查系统、1条安检车道。

根据规定，人身安检遵循“男不查女”的原则，分为初检、复检和重点检查三个阶段；车辆安检采取人、器材相结合进行初检、复检，重点车辆还将使用搜爆犬强化检查，为老弱病残孕等有特殊需求的受检人员设置了专门通道；残疾人士乘坐具备场馆准入权限的车辆接受安检时，可不下车，由安检员上车检查。

根据规定，不许带入奥运场馆的物品包括禁带物品和限带物品两类。禁带物品包括枪支弹药爆炸物品、剧毒放射性物品、有害生物制剂、毒品等七大类，因违反我国现行法律法规，安检人员发现上述物品后将予以收缴；限带物品包括自带的软硬包装饮料、横幅标语、大型箱包、1米以上的超长旗帜和旗杆等13类，虽然不违法，但违反往届奥运会惯例和本届奥运会规定，或者可能影响场馆安全秩序，安检员发现后将请携带人自行妥善处理。

持票人员进入竞赛场馆禁限带物品清单

禁带物品是指违反中华人民共和国现行法律法规的物品，安检员发现禁带物品后应当予以收缴，扣留人员进行处罚。限带物品是指虽然不违反法律，但违反往届奥运会惯例和本届奥运会规定，或可能影响场馆安全和秩序，不得带入场馆的物品。安检点设有可供被检人丢弃限带物品的容器，安保人员发现限带物品后将要求携带人把限带物品丢弃在容器中或自行处理。本政策适用于持票人员，包括零散进入的观众、有组织观众和非本项目的观赛运动员（持票）等。

禁止持票人员带入竞赛场馆的物品包括：枪支、弹药、爆炸物品；仿真枪及弩、匕首等管制器具；烟花爆竹、汽油、酒精等易燃、易爆危险物品；剧毒、腐蚀性等危险化学品及放射性物品；有害生物制剂、传染病病原体等危险物质；海洛因、可卡因、大麻、冰毒等各类毒品；中国法律法规明令禁止的其他物品。

限制持票人员带入竞赛场馆的物品包括：易碎品与各类容器，例如玻璃瓶/杯、保温杯、冰盒、奶瓶等；自带的各类软硬包装饮料，特别是含酒精饮料，以及超过本人使用量的易投掷食品（如大量水果或鸡蛋等）；带有政治、种族、宗教、商业和违反《奥林匹克宪章》、中国法律的横幅、标语以及其他用于宣传的物品；除婴儿车与轮椅之外的任何代步工具，包括但不限于电动自行车、小型摩托车、自行车、踏板车等；动物（导盲犬等服务类动物除外）；乐器，包括演奏乐器、口哨、喇叭、鼓等；球棒、长棍、尖锐物、长柄伞、尖头伞及长度超过50厘米的雨伞等易造成人身伤害的物品；球、球拍、飞碟及类似物品；体积较大，不适宜带入坐席区的箱包、手提袋等；非奥运会、残奥会参赛国家或地区的旗帜；展开面积超过2米×1米的旗帜；长度超过1米的旗杆；任何未经授权的专业摄像设备（家庭使用的、小型手持的摄像设备除外）及用于照相机与摄像机的三脚支架；分散参赛运动员、技术官员、教练员注意力，干扰奥运会电子信号、集群信号、影响赛事进行或妨碍他人观赛的未经授权物品，包括但不限于收音机、激光装置、扩音设备、对讲机、无线电设备；其他可能影响安全及违反《奥林匹克宪章》、中国法律或门票协议的物品，如打火机、火柴等点火器具、注射器、药剂等。

公交安检

2008年8月1日起，北京市公交集团在每辆公交车上和每个公交站台增加至少一名安保员，对携包市民进行危险物的询问检查。

安全巡查员主要配备在无人售票和准无人售票公交车上，司机和售票员也部分承担安保巡查员的责任。检查是在市民自愿的基础上进行的，安保员不可强行翻包。

公交集团希望安检措施能得到乘客配合。如果乘客不愿意配合检查，安保检查员和司乘人员将“谢绝”或者“婉拒”市民上车。如果检查出违禁品，乘客不得带相关物品上车，否则，安全员可视情况报警。

北京地铁安检措施解读

每站配备4种检测仪器

每一站地铁都配备了4种检测仪：X光检测机、手持金属探测仪、液体检验仪和爆炸物检验仪。所有安检人员全部经过专业培训后持证上岗。

大小件行李全部检查

2008年7月30日起，北京将加大地铁安全检查力度，对乘客携带的大、小件行李进行普检，超大、超长、超重行李将被限制或禁止进站。

警犬搜嗅易燃易爆危险品

警犬协助民警承担地铁安检工作，它们会不定时出现在各个地铁站台，由民警引导在站口、售票厅等处对乘客携带物品进行安检。

贴身安检“男不查女”

有的乘客在接受行李安检后，进入闸机前还要接受安检人员手持探测仪进行贴身安检。贴身安检的原则是“男不查女”，主要是为了避免不必要的尴尬。

液体通过检测后不必试喝

和机场安检不同，液体通过地铁安检后，不需要乘客再试喝即可通过。而且，一些瓶装水和饮料，在乘客当面试喝一口后，一般也可以不用再进行仪器检测。

医疗保障：六方面着手保障奥运医疗

2008年5月28日，北京市卫生局党组书记、北京奥组委医疗保障组组长金大鹏在“北京奥运会医疗保障工作新闻发布会”上介绍了有关北京奥运会医疗保障体系的相关工作。

第一，建立卫生应急指挥系统。成立北京突发公共卫生事件应急指挥部，统筹协调全市突发公共卫生事件决策指挥和应急处置工作，形成了统一领导、统筹协调、分类管理、分级负责、条块结合、属地为主的卫生应急指挥系统。

第二，公共卫生应急预案体系已经形成。根据北京奥运会公共卫生风险评估评估结果，陆续制定并颁布了《北京市突发公共卫生事件应急预案》、《北京市突发公共事件医疗卫生救援应急预案》2个专项应急预案和《北京市应对流感大流行准备计划及应急预案》、《北京市鼠疫控制应急预案》、《北京市食物中毒事件应急预案》等30个部门应急预案。

第三，奥运医疗卫生服务保障能力显著提高。场馆医疗服务保障。在奥运竞赛、非竞赛和训练场馆内设置了156个急救站，配备了1794名医务人员。配备191辆急救车、803名急救人员，每辆急救车装备了除颤起搏器、铲式担架和800兆对讲机等抢救和通信设备。在奥运村内建立综合诊所，配备了626名医务人员，设置内科、骨科、理疗等10个诊疗科目，提供门急诊、初级医疗保健等9项服务。共有3223名医务人员直接参与奥运医疗服务保障。

城市医疗服务保障。组建了包括烧伤、创伤、传染病、中毒及化学污染、核与辐射心理干预等115支，共976人的市级院前应急救援队伍；在北京急救中心设置了500人份的应急物资储备库；配置了多功能大型医疗保障急救车，具备供电、供氧系统、急诊手术室、可辐射事发现场200平方米的现场升降式照明灯以及100人份的抢救物资。

24家奥运定点医院在组织机构、工作制度、工作流程、双语标识、绿色通道、无障碍设施、语言服务能力以及兴奋剂、违禁药品管理等方面均达到了奥运规范标准。北京市24家奥运定点医院全部都是三级甲等医院，同时组建了由104家医院组成的三级院内救治网络，设立5880张应急救治床位，一、二、三级医院分别储备100人份7天、50人份3天和20人份3天的抢救药品和物资。

2008年6月份，北京地坛医院迁入新址和北京佑安医院新病房楼启用后，传染病总床位数将达到1350张，全市负压式医疗救护车18辆，具备了收治群体传染病人的能力。

在血液准备过程中，尤其是一些稀有血型，我们做了充分的准备，卫生部也协调周边的省市，临床用血保持16000袋（每袋200ml）Rh阳性血液和800袋Rh阴性血液基础库存；建立了全市社会动员保障和省际血液调剂联动机制。

全市17.5万名医务人员参加了医用外语的培训和考核，全市3400名急诊急救医护人员和院前急救人员接受了现代专业医疗急救知识、技能与重大灾害处置培训。

第四，公共卫生安全保障能力明显加强。奥运场馆公共卫生保障。向奥运场馆派驻421名公共卫生保障人员、63辆卫生监督保障车及50辆卫生防疫车；在280家奥运相关餐饮单位、31家比赛场馆和120家签约饭店的餐厅，建立了奥运餐饮业食源性致病菌、公共场所与饮用水卫生监测预警系统；在奥运核心区建立了传染病症状监测系统。

城市公共卫生保障。北京市24个疾病预防控制机构和22个卫生监督机构，组建了配有标准化装备的626名疾控人员应急队伍和200名卫生监督人员组成的40支应急小分队。一级以上医院和335家医院肠道门诊实行了传染病网络直报，形成了覆盖全市、城乡一体的三级卫生监督网络。

与WHO和周边7省区市合作，建立了重大传染病联防联控机制。在8个涉奥城区建立了食品污染物监测网络，18个区县建立了生活饮用水污染物监测网络；在市疾控中心建立了全球大气放射性核素检测台站和惰性气体台站，可对本市、全国乃至周边国家的核辐射事故或核恐怖袭击24小时监测。

加强了重大传染病防控准备，装备了鼠疫监测仪器设备、试剂、个体防护用品和负压检测车。完善全市网络实验室，可现场快速检测鼠疫、炭疽等10种烈性病原体和生物毒素，为有效应对生物恐怖事件提供技术支持。

完善了全市计划免疫预防接种网络，加强了免疫规划和查漏补种工作。667家免疫接种门诊率先在全国将麻风腮联合疫苗和水痘疫苗纳入儿童计划免疫；连续三年对外来务工人员免费接种麻疹、流脑疫苗110万人次；连续四年对外来务工子弟6岁以下儿童实行14种疫苗可预防性疾病查漏补种140万人次。2007年秋冬季对全市180万居民接种了流感疫苗，其中60岁以上老人为83.8万人，接种率达到43.5%。

在全市餐饮业大力推进食品卫生量化分级管理，A、B、C级餐饮单位占全市餐饮单位的比例达到99.61%。

在全市开展了病媒生物监测和“除四害”活动，病媒生物得到了有效控制。病媒生物指标均达到国家规定的控制标准。

第五，深入开展“健康奥运、健康北京”全民健康活动。向全市居民发放了《首都市民预防传染病手册》等健康知识读本，倡导健康文明的生活方式；开设“健康奥运、健康北京”专题栏目；2008年3月24日市政府通过了《北京市公共场所禁止吸烟范围若干规定》，公共场所实现无烟奥运的目标深入推进，向4万家餐馆发出“北京市餐饮行业开展控烟行动”倡议，创建了216家无烟医院、105

所无烟学校、6.6万辆无烟出租车。

第六，全面开展奥运医疗卫生国际合作，提高国际医疗卫生服务能力和管理水平。会上，北京市卫生局疾病预防控制处处长赵涛介绍有关联防机制的情况。建立联防主要是在北京周边的省市，有天津市、河北省、内蒙古自治区、山西省、辽宁省、吉林省和北京市，称为七省区市建立联防机制。

第一是信息沟通，各个省，包括北京市卫生局和其他省市的卫生行动部门，在一些疾病信息上及时进行沟通，这是基本的工作机制，奥运期间每日要互相通信息。

第二技术交流，因为各省疾控队都有自己的特长，能在技术交流上取长补短，同时也会及时开会，交流技术。

第三是联防联控，对重大疾病要联合起来采取一些行动，共同采取一些措施。

第四是应急方面，万一出现什么问题，能够互相支持。北京的力量不够，就有河北、天津来支持，他们有问题，北京也会支持。

安保志愿者：打造高素质的安保队伍

2005年5月11日，北京奥组委安保部部长吕实珉表示，《北京奥运安保战略计划》已经编制完成，《奥运安保运行纲要》刚刚开始编制。吕实珉介绍说，威胁因素评估是确定安保等级和相关安保政策以及安保人力、物力资源投入的基础。北京已经就火灾、对奥运设施的非法闯入、城市骚乱、犯罪、奥运会关键服务系统技术风险、交通安全、自然灾害、其他灾害以及恐怖活动等9个方面进行了初步分析。北京奥运安保将在进行充分必要的威胁因素评估基础上，学习借鉴国际大型活动安保措施的惯例和经验，结合中国的实际情况确定。北京奥运安保协调小组组长强卫透露，北京奥运安保预算不久就将公布，“北京奥运安保工作中，7万名赛事志愿者中的一半都会参与进来。群众参与是北京奥运安保的重要思路”。此外，在北京奥运会期间，奥运场馆和场馆区域将设立场馆安保指挥部。

北京市公安局局长马振川介绍，为保证2008年北京奥运会期间为中外人员提供优质的安保服务，北京正在努力打造一支亲和、文明、专业、高素质的奥运安保队伍，已组织编写了奥运安保培训系列教材17类80多万字，内容涉及奥运知识、安保服务基本用语、国际礼仪、宗教常识、民族风俗、紧急救援、突发事件处置等，对安保队伍开展了系统化、标准化、专业化和规范化的培训，截止到2007年9月11日，参加培训的人员已经达到2.5万人次。

专业安保志愿者：北京奥组委决定，奥运赛场的安保志愿者全部面向军队、武警和公安类院校招募。负责安保志愿者培训工作的警官李红介绍，截止到2008年2月22日已经招募了7300名志愿者，分别来自中国人民公安大学、解放军装甲兵工程学院、天津武警医学院以及沈阳刑警学院。他们将配合民警，完成一些专项任务，如比赛场馆的安全检查等。李红说：“培训工作已全面展开，每名志愿者必须经过严格训练和考核，建立了个人档案，6~7月他们将提前入驻比赛场馆，实地训练并最终执行奥运安保任务。”

社区安保志愿者：北京奥运安保指挥中心总指挥马振川说：“社区是北京的细胞，每一个细胞都安全了，北京就没有隐患了。”平安奥运的社区志愿者，在街头义务巡逻，防范违法犯罪，包括可能破坏奥运的活动。

国外安保志愿者：2007年9月，欧学敏、费快乐等7名“老外”接过警方颁发的社区奥运安保员聘书，戴上了印有中英文“平安奥运社区志愿者”字样的“红袖标”，成为北京首批外籍平安奥运社区志愿者。

2006年10月17日，首都治安巡逻志愿者协会正式成立，首都治安巡逻志愿者协会是全市范围内热爱社会公益事业，志愿参加基层社会治安巡逻防范工作的各界人士共同组成的全市性社会团体。协会的宗旨是，组织全体会员即治安巡逻志愿者在社区（村）党组织和基层公安派出所的领导下，在社区、行政村内参加治安巡逻防范，维护社区（村）、内部单位治安秩序，为维护首都的安全稳定做出贡献。协会会员将本着遵守法律、诚信助人，志愿参加、奉献社会的行为规范，接受首都社会治安综合治理委员会办公室及北京市民政局的指导、管理和监督。

到2008年7月，北京市委、市政府按照城区和远郊区县分别占实有人口 2‰

和1.5‰比例的标准统一组建成规模达4万余人的专职治安巡防队伍。首都综治办也成立了治安志愿者协会，建成了一支多达30余万人的治安巡逻志愿者队伍。

2008年7月6日，北京市委政法委副书记、首都综治办主任李万钧说："北京的奥运安保社会面控制工作逐步建成全方位、全覆盖、全时空、立体化'大防控'工作格局。""大防控"防出平安具体体现在：

防控范围上，涉及社会治安、城市秩序、公共安全、维护稳定、社会管理与建设等各个领域的工作均纳入了社会面安保体系。

防控对象上，各类可能危害社会稳定、危及奥运会安全的隐患因素和安全问题，各类重点的人、地、物、事、组织，都建立台账列入社会面安保内容。

防控时间空间上，一方面从最小单元巡防网格到社区（村）、街道（乡镇）、区县以及周边省市与北京接壤的重点地带、重点路口，层层实行属地统筹；另一方面实行重点区域、重点部位24小时连续防控，一般区域和部位重点时段集中防控相结合的办法，确保实现全时空防控，最大限度严密社会面防控网络。

北京奥运会部分足球赛事将在天津举办，为此，天津市进一步健全了治安防控网络，科学划分巡防区域，有效整合巡防力量，落实城镇社会管控、农村村庄巡控、机关单位守控、边际部位联控。调整警力配置与警务模式，以实施社区警务战略为龙头，组织3826个社区、1490个行政村逐一制定防范计划，采取警防、民防、技防相结合的方法，提高了社会治安的整体防控能力。

山东省青岛市着眼于"平安奥帆"的安保要求，坚持构筑全民防控网络的密度不减。依托社区综治警务室，科学划分巡防区域，以市区要害重点、发案高点、交通堵点、治安热点、火患多点为重点，每天组织530余辆巡逻警车、2300余名民警和5000余名协警员开展网格式巡逻盘查。专门调整了群防群治力量布局，将市区1000名治安联防队员和农村4.3万名复退军人治安联防队全部撤向社会面。

上海市作为奥运会部分足球赛事的承办城市，聚焦基层基础管理重点，抓好基层平安创建活动。重点抓好街道、乡镇以下基层单位的平安创建活动，抓紧建立街镇综治工作中心、居村委综治工作站，进一步健全社区基层组织，整合社区治安资源，凝聚基层工作合力，筑牢维护社会稳定和治安安定的第一道防线。

沈阳市综治委3月召开会议对奥运安保工作进行了动员部署，下发了以“五个杜绝”为工作目标的行动方案，在全市开展了声势浩大的社会面大巡逻、大防控。据统计，沈阳市每天出动警力3000余人次、社防人员3000余人次、武警1100多人次，巡警车辆700余台次，佩戴红袖标的义务巡防队员6万多人，实施24小时不间断巡防，形成了点、线、面多层次综合交错的奥运安保治安巡逻防范大格局。

北京市朝阳区奥运治安志愿者服装和标志数量及预算

T恤衫7万件；小红帽9万顶；红袖标11万个；腰包11万个；遮阳伞10万个。

预算金额：人民币伍佰万元整（￥5 000 000.00）。

本项目共分两包，分包预算控制金额如下：

1. T恤衫、小红帽、红袖标及腰包人民币肆佰零贰万陆仟元整（￥4 026 000.00）
2. 遮阳伞人民币玖拾柒万肆仟元整（￥974 000.00）

注：摘自《北京市朝阳区奥运治安志愿者统一服装标志政府采购项目竞争性谈判资格预审公告》

○●北京奥运志愿者服务站启动

2008年7月1日，在北京市北新桥地铁站的城市志愿者服务站前，城市志愿者们宣誓上岗。当日，近百个北京奥运会城市志愿者服务站投入使用，北京奥运会、残奥会城市志愿者开始上岗服务，为游客、媒体记者、首都广大市民等提供信息咨询、语言翻译等服务。

安保国际力量：打击跨国犯罪防范恐怖活动

2007年1月15日，第29届奥运会安全保卫指挥中心国际警务联络部在北京成立。该国际警务联络部将重点围绕大型活动安保、打击跨国犯罪以及防范恐怖活动等领域，加强与国际安保组织、奥运会举办国安保机构等开展信息交流与务实合作。

2008年4月25日，北京奥运安保国际大会在京开幕。国际刑警组织秘书长罗纳德·诺布尔透露，国际刑警组织将在奥运会期间与北京奥运安保指挥部门开通专线联系电话，以确保双方能迅速及时交流相关情报信息，从而确保2008年奥运会安全、成功举行。诺布尔表示，国际刑警组织将通过已经建立起来的全球“丢失或被盗护照数据库”，帮助中国对潜在的恐怖分子进行监控和防范。国际刑警组织还将在奥运会前夕向中国派遣一支特别支援小组，该小组将帮助中国掌握有潜在危险的人物的全部信息，如名字、指纹、照片、DNA资料等。

北京奥运火炬传递

2008年3月24日，奥林匹克圣火将再次在希腊奥林匹亚点燃，随之开始的北京奥运会火炬接力将拉开北京2008年奥运会的精彩序幕。

北京2008奥运会火炬接力以“和谐之旅”为主题，以“点燃激情 传递梦想”为口号，将跨越五大洲，历时130天，火炬手2万多名，护跑手5000名，将是奥运史上传递时间最长、参与人数最多的一次火炬接力。

2008年3月24日在希腊奥林匹亚举行北京奥运会圣火取火仪式，随后进行为期6天的希腊境内传递。3月30日在雅典举行圣火交接仪式。3月31日圣火抵达北京，在北京将举行隆重的欢迎圣火进入中国仪式和北京2008奥运会火炬接力传递正式启动仪式。

从2008年4月1日开始至5月3日，进行境外21个城市的传递。北京奥组委火炬接力运行团队将带着圣火，乘坐国航包机，前往五大洲19个国家19个城市和香港、澳门。累计行程97000公里，火炬手2000多名，仪式庆祝活动42个，历时33天。

奥林匹克圣火于2008年5月3日结束境外传递后，抵达海南省三亚市。从5月4日开始，北京奥

○●奥运火炬在贵州省凯里市传递
2008年6月13日，火炬手韦恩胜手持火炬传递。当日，北京奥运火炬传递活动在贵州省凯里市举行。

组委火炬接力运行团队通过航空、铁路、公路等多种交通方式，按预定路线把奥运圣火带到中国境内的31个省、自治区和直辖市的113个城市和地区。圣火在每个省（自治区、直辖市）传递3天，其中人口超过8000万的四川、河南、山东和广东四省传递4天，上海、天津和重庆三个直辖市传递2天。圣火于2008年8月6日回到北京，进行为期3天的传递活动。8月8日晚，奥运会圣火到达北京奥运会开幕式主会场，点燃奥运会主火炬塔，并持续燃烧到奥运会闭幕。火炬接力境内传递累计行程4万多公里，历时97天，火炬手1.9万多名。

奥运经济

中国经济的助推器

2008
中国年谱
奥运你好

北京八大产业从奥运中受益

从近几届奥运会的实践来看，汉城、亚特兰大、悉尼和雅典奥运会举办当月及之前的18个月，奥运会主办城市所在国的股指往往大幅走高。举办国利用举办奥运会的契机，拉动投资需求和消费需求，促进经济增长的现象被称作“奥运经济”现象。奥运经济大致分为三个阶段：从成功申办到奥运会召开期，主要体现为投资需求的增加，受益行业将以建筑、地产、建材、科技信息、环保为主；在奥运会举办期间，国民经济增长从投资为主转向消费为主，旅游、商贸等消费进一步拉动国民经济增长，受益行业将以旅游、商贸、交通、通信、传媒、宾馆、餐饮等行业为主；而在奥运会举办后期，主要体现为大量体育场馆的转型，商业、交通、旅游开发后的综合利用，相关上市公司将因此获得持续发展空间。

现代奥运会并不是一次简单的体育盛会，其对主办国经济增长具有明显的拉动作用。奥运会的成功举办将对相关产业和相关上市公司经济效益的提高和改善带来直接的影响。奥运举办对行业的景气影响，主要是投资拉动和消费服务拉动。从一般规律看，奥运经济对旅游、商业、地产、建筑、交通、体育、科技信息、电信等八大产业领域产生较大影响：

奥运经济对旅游、商业、地产等领域的影响

领域	影　响
旅游业	奥运会的举办将吸引大量国际游客，从各国举办奥运会的情况看，奥运会举办之时，一般可以吸引20~30万国际旅游者，他们主要是海外中上等收入阶层的体育和旅游爱好者。据测算，到2008年，北京奥运的游客、参赛人员的住宿需求将达到顶点。预计北京星级酒店的数量将达到800家、客房13万间，颐和园、故宫、长城等北京特色观光景区也将迎来高峰。直接旅游收入当年将超过45亿美元。
商业	奥运对商业的发展主要表现为购物、消费等方面。2002~2007年间，由奥运会直接投资拉动社会消费品零售额合计为539亿元，其中2005~2007年对零售额拉动作用较大，社会消费品零售额将分别达到139亿元、139亿元和133亿元。可以预计北京的商场在奥运期间将迎来消费的高峰。
地产业	奥运对北京房地产最大的机遇就是它对北京整个城市规划做了重新改变。随之而来的基础设施投资将使得交通、商业环境等得到极大的改善，房地产市场的价值得到有效的提升。随着城市干道、高速交通干道的投入使用，北京郊区住宅会日益兴旺；而与此同时，奥运基础设施的改造带来大量的拆迁，为未来房地产提供了持续、强劲的需求。从历史经验看，各奥运会举办城市在奥运会之后，地产市场均会出现不同幅度的下滑。但北京房地产走势主要是与经济发展阶段相联系、与供需矛盾相联系，受潜在购买者数量居高不下、总部经济进一步发展、城市基础设施的进一步完善、土地资源的稀缺性等因素共同作用，预计奥运会后北京房地产市场只会稍作调整，下降空间将极为有限，后市仍然乐观。
建筑业	建筑业是奥运工程建设的主力军，是首先受益的行业。北京市创纪录地对城市基础建设投入1800亿元，巨大的投资将为建筑业的发展提供巨大的市场需求。据测算，奥运能使北京建筑业总产值在2003~2008年内累计达到5000亿元，为建筑业提供8万个就业岗位。从另一方面看，奥运场馆建设中的新结构、新技术、新材料的使用，环保标准的提高，为建筑工程技术水平的提高创造了条件，有利于提升建筑业整体水平和综合实力，推进建筑业产业升级的机会，有利于进一步拓展国际市场。
交通运输业	交通被誉为城市的血脉。奥运会在短期内聚集的巨大客流使交通运输业客源充足。建设好交通运输基础设施，给游客提供最便捷通畅的交通运输服务，这是每一个主办城市首先要解决的问题。为迎接奥运，北京在城市交通方面的投资将达到900亿元。从2004年至2008年前的4年内，将规划建设一批重点交通项目，其中将建设24.5公里的机场轨道线。

续表

领域	影 响
科技产业	“科技奥运”是2008北京奥运会三大理念之一。这是奥运史上首次明确地把科学技术的作用与举办奥运会相结合。“科技奥运”的一个重要含义是，要用先进适用的科学技术支撑奥运，满足奥运对科学技术的需要。不仅仅是在通讯和电子信息领域，在建筑、清洁能源汽车等领域，北京奥运同样为新兴科技提供着广阔的产业化前景。
体育产业	随着奥运临近，全民对体育的关注度空前高涨，与此相对应的是，奥运会将带动体育产业的发展，并带来相当可观的社会效益和经济效益。体育产业的发展带动了许多关联产业，包括第二产业中一系列的相关行业，以及第三产业中许多行业的发展，促进了整个产业结构的调整。体育产业的潜在需求非常大，在奥运经济的促进下，已经形成了相当规模的体育服务业专业市场，国内从事健身娱乐业、竞赛表演业、技术培训业的体育企业、体育产业经营性机构有2万多家，总投资额已超过2000亿元，年营业额超过600亿元。体育产业的产值出现了快速增长的态势。
电信业	奥运会要求举办国尤其是举办城市在电信等方面提供一流的硬件和优质的服务，奥运会推动通信产业升级，参加北京奥运会的官员、工作人员可以在奥运期间体验到手机对讲服务，看到奥运快讯、奥运手机电视，享受奥运视频点播、奥运多媒体彩铃和无线宽带上网等特色服务。奥运会的临近将推动通信产业升级，预计整个行业固定资产投资和收入都将较2007年有明显提高。电信重组将成为强心剂。

后奥运经济将保持较快发展

北京奥运会结束后，国内外都在关注北京会不会出现奥运后“低谷效应”。对此，部分经济专家学者和北京市政府官员认为，由于发展所处阶段，事先有系统充分的战略安排，北京在奥运后不会出现大的起落，经济仍将保持平稳较快发展。

发展所处特定历史阶段决定奥运后经济保持平稳

“奥运后低谷效应”，一般是指奥运会主办城市或所在地区，相对于奥运会前和举办期间的投资高涨、市场繁荣、经济景气等情况，在奥运会结束后一段时期内出现的经济滑坡、投资锐减、消费不旺、场馆闲置等一系列现象，以及与之相关的旅游、建筑等行业市场低迷、局部区域萧条、失业增加等负面影响。

由北京市发改委牵头、国内多位经济学家参与的“北京后奥运经济发展”课题的研究成果表明，从以往奥运会主办城市在奥运后经济运行的实际状况看，奥运后经济表现并没有必然、统一的规律。奥运后经济影响程度主要与城市所处的发展阶段、城市的人口规模、市场容量以及经济结构状况、外部环境、筹办模式和应对安排等因素密切相关。

从发展阶段看，奥运筹办前后北京正处在向人均GDP1万美元迈进的重要阶段。历史实践表明，在这个阶段经济将在相当长的一个时期内保持较快增长。过去这些年来北京市保持了年均10%以上的经济增长速度，是内在需求拉动和产业结构升级推动的结果。

从城市特点看，北京有巨大的市场容量和消费能力，加之首都市场在区域市场乃至全国和国际市场都有着很大的影响力，这些因素使北京的经济抗风险能力大大增强，对未来的发展起着重要的支撑作用。

国家发改委宏观经济研究院副院长王一鸣、北京市社会与经济发展研究所所长杨开忠等认为，国情、市情的不同，尤其是发展所处的特定历史阶段决定了北京在奥运后经济能够保持平稳较快发展。当前，国际国内经济环境虽然发生了一些新变化，但北京发展所处的阶段并没有改变，不会影响经济的基本走向和整体趋势。

系统充分的战略安排奠定坚实基础

专家认为，奥运会筹办模式和应对安排也会对奥运后经济产生影响。一般情况下，运作模式市场化程度越高，奥运后经济表现越好；在市场开发、场馆利用等方面，会前准备及前后衔接安排考虑愈充分，则奥运后经济波动相对愈小。

北京市发展和改革委员会张工表示，在申奥成功之初，北京就采取了一系列重大措施，力求使奥运筹办举办的过程同时成为实践科学发展、和谐发展、推动发展成果共享的过程。北京修编了城市总体规划，对20年城市空间发展进行战略安排；制定“十一五”发展规划，对奥运前后发展进行系统部署；坚持节俭办奥运，把落实“绿色奥运、科技奥运、人文奥运”理念同转变发展方式结合起来，把奥运相关建设同城市长远发展和基础设施布局规划结合起来。

为控制规模和节约成本，北京在场馆建设中充分利用原有体育设施，31个场馆中只有11个为新建，其余12个为改扩建、8个为临时建筑。在建设过程中建立了严格的成本控制体系，实行全过程审计监督，并根据实际需要优化了部分设施的设计方案。最终将31个比赛场馆的投资控制在了130亿元人民币之内，其中政府资金只占一半左右，其余为企业投资和社会捐赠。

北京市发改委副主任卢映川指出，在北京的"十一五"规划中就已把奥林匹克中心区规划定位为六大高端产业功能区之一，奥运后更要借助奥运商机以及良好的基础设施和公共服务设施，打造集旅游、会展、文艺演出、文化创意等于一身的奥林匹克主题公园。考虑到城市发展的需要，把奥林匹克中心区以外的场馆与6个大学建设相结合，与社区发展相结合，为赛后更好利用创造了有利条件。

从奥运会市场开发情况看，北京奥运会赞助企业包括12家全球合作伙伴、11家北京2008合作伙伴、15家独家供应商、17家供应商以及13家生产商。从掌握的情况来看，所获得的总收入可以满足2008年奥运会的组织和运行的经费需求，实现了收支平衡、略有节余。同时，北京地方财政收入已连续13年保持20%以上的增长，2007年地方财政收入规模已经接近1500亿元，每年的财政收支状况一直是基本平衡、略有盈余。且财政资金中直接用于奥运建设的十分有限，不可能因为奥运产生所谓的赤字问题。

从奥运场馆赛后运营运作方案来看，大部分场馆都已有了成熟的运营计划，并在奥运会、残奥会后陆续向社会开放。例如国家体育场成立了专门的经营管理公司，赛后以文艺演出、体育比赛为主，正着手进行人员培训、文艺演出和旅游线路安排工作。

奥运后北京经济仍将充满生机活力

卢映川表示，自2007年以来国际国内经济环境发生了一些新变化，特别是美国金融危机愈演愈烈，影响仍在扩散，世界金融动荡加剧，全球经济未来走势还存在很多不确定因素。在这个背景下北京作为一个开放的城市，其经济不可避免地会受到国际、国内大气候的影响，短期内也可能会出现一些波动，这是市场经济规律所决定的，是正常现象，既不能因此认为经济发展的基础和基本面已经改变，更不能片面归结为“奥运后低谷效应”。

张工认为，奥运会的成功举办，使北京的发展站在了一个新起点上。今后的发展思路是，首先，加快发展方式转变，提升发展质量。其次，实施城市发展战略重点转移，推进城乡一体化和区域协调发展。第三，坚持基础设施优先，提升城市管理和服务水平。

卢映川表示，从奥运后的投资需求看，北京市“十一五”规划确定的重点投资领域和重大投资项目，如轨道交通、新城、新农村、社会公共服务、环境治理以及六大高端功能区等，其建设发展正在形成新的强劲投资动力。据测算，“十一五”期间，北京全市固定资产投资规模在18840亿元，其中奥运后两年约占45%。其中，轨道交通建设将加快实施，2008~2015年将建成轨道交通线路363公里，初步测算，需要直接投资1600亿元左右，年均200亿元以上。仅此一项即超过了奥运场馆及直接相关设施的年均投资量。

同时，在奥运因素的推动下，北京城市基础设施和综合服务环境进一步改善，国际化水平明显提升，有利于更好地吸引境内外资源聚集，也将形成新的发展动因。

2008年奥运会是北京难得的历史机遇，加快了北京经济发展。这从2000年申奥成功前后北京与上海经济增长的相对关系变化中就可以反映出来。1994~1999年，北京GDP增速除个别年份外均低于上海，但2000~2006年间则趋向高于上海。不过，北京在奥运会之后的经济发展趋势如何呢？北京大学中国区域经济研究中心主任杨开忠认为，北京奥运后的经济发展主要可以概括为五大趋势。

趋势之一：持续较快增长。投资乘数效应是奥运筹备带动北京经济增长的主要因素。在奥运会后，这种效应显然不复存在。北京经济还能维持高速增长趋势吗？回答是肯定的。

首先，北京奥运会后的国内国际服务“输出”增长将提速。一是我国正处于规模报酬递增驱动的经济发展阶段。在未来一段较长时期内，如果初级产品稀缺性上升保持在低于规模报酬递增带来的生产率上升范围内，如果财富分配差距保持在社会容许范围内，中国经济将平稳持续增长。北京是服务业主导的经济，我国经济上述发展趋势必将扩大对北京服务的需求，从而带动其国内国际“输出”的加速增长；二是奥运的服务输出乘数效应带动。奥运效应不会随着奥运会闭幕而消失。从国际经验来看，由于奥运会给举办城市留下了或多或少的遗产，增强了举办城市开展国内外旅游、会展和体育赛事等服务输出的能力，从而在会后3年左右将促进举办城市国内外出口贸易增长。由于奥运给北京留下丰厚的服务能力，奥运的服务输出乘数效应更为突出。

其次，投资仍将保持较快增长。在奥运会后，北京经济建设将发生两个重要变化。一是进一步调整“中心城市、新交通、新城镇”建设的关系，在继续加快推进新交通建设的同时，全面启动重点新城镇建设，加快新城镇建设步伐；二是在继续重点推进高科技产业、金融产业、文化创意产业发展的同时，将进一步以高端产业功能区和新城镇为主要依托，重点推动生产性服务业和社会服务业发展，形成高科技产业、金融与生产性服务业、社会服务业、文化创意产业“四极”带动的产业发展格局。这些调整将有力支撑奥运会后投资继续保持较快增长。

第三，消费增长趋向加速。一是因为北京人均GDP已超过6000美元，城乡居民恩格尔系数已下降到30%，北京已经进入城乡居民收入加速增长、消费能力快速提升、消费结构迅速升级的发展型和享受型消费成长阶段；二是就业、劳动关系和收入分配体制进一步理顺，有利于改善收入分配结构，扩大消费；三是随着社会保障建设加快，保障范围和水平的不断提高，居民消费信心增强，消费倾向增高；四是奥运会将增强市民的发展型消费，尤其是体育健身消费意愿。

趋势之二：进一步转向创新驱动。对一个区域来讲，获取竞争优势的途径无非是成本战略和差别化战略两种。北京竞争优势不可能主要建立在低成本上。一方面，虽然与纽约、东京、伦敦等全球主要国际城市相比，北京可利用的劳动力、土地、环境服务等生产要素价格相对低廉，但在国内，北京则是要素价格最高位地区，处于劣势地位；另一方面，尽管重化工业化仍然是全国经济发展的重要方向，但北京已进入后工业化时期，服务业已占全部经济活动的70%以上，在利用大工业生产的内部规模 经济获取低成本方面处于比较劣势。在这种情况下，北京获取竞争优势的主要途径就只能是产品和服务差别化，而差别化来源则在于创新。这就是说，为了在市场化全球化条件下获取竞争优势，北京经济内在地要求进一步转向创新驱动。

创新驱动的关键要素在于CSF，即创造性——产生新的可行的思想的能力，速度——把新思想市场化的速度，柔性——对市场变化的适应性。北京是全国产生新思想能力最强，也是把新思想市场化速度较快、对市场变化适应性较高的地区，走创新驱动、差别化发展之路的优势十分明显。

为促进创新驱动型经济发展，北京市市委、市政府已分别于2006年、2007年公布了《关于增强自主创新能力建设创新型城市的意见》和《关于大力推进首都学习型城市建设的决定》，明确提出2010年北京初步建成创新型城市和学习之都。这些安排将有力支撑在奥运会后北京经济进一步转向创新驱动。

趋势之三：服务经济将上新台阶。20世纪90年代以来，北京服务业经历了三次重要飞跃：1995年服务业增加值占GDP的比重突破50%，北京初步跨入“服务经济”时代；从2003年起，北京服务业增加值超过我国境内所有城市，成为境内最大的服务业中心； 2006年北京服务业增加值占GDP的比重为70.9%，相当于高收入国家和地区平均水平。

在奥运会后，五个新的有利因素将促使北京服务业上新台阶。一是服务业进一步成为全国经济新的增长点；二是构建和谐社会首善之区，将进一步发挥北京社会事业的优势，使“社会经济”成为首都经济新的亮点；三是奥运遗产增强了北京旅游、体育、文化、会展等服务能力；四是北京国际城市将开始进入基本建成阶段，生产全球性控制能力的经济——总部经济将进一步成为潮流；五是北京市市委、市政府正在抓紧制定关于促进北京现代服务业发展的意见。

北京服务业在奥运会后上新台阶将体现在“改体制、调结构、优布局、增效率、上规模”五个方面。改体制就是北京将逐步建立起“公平竞争、开放有序、全球接轨”的服务业规章制度；调结构就是要适应国家首都、国际城市、文化名城、宜居城市的要求，在服务业全面发展的基础上，重点推进金融与生产性服务、文化创意和社会服务的发展；优布局就是把不同服务业或服务增值活动的区位要求与各地优势结合起来，实现全市范围内服务业优化布局，促进南北城、中心城与郊区、城乡协调发展；增效率就是要通过劳动者素质提高、服务科技化和创新提高劳动生产率，北京市服务业单位人员产出率仅为同期香港、新加坡相应指标的1/5~1/4，提高劳动生产率是做大做强北京服务业的中心任务；上规模就是要进一步扩大服务业绝对规模，提高服务业占GDP的比重。

趋势之四：进一步转向双重多中心网络型发展。从空间上来看，北京经济将进一步呈现两个层面的多中心网络型发展趋势。

首先是北京市域范围内经济的多中心网络型发展格局。北京市“十一五”规划提出着力建设好中关村科技园区、北京金融街、北京商务中心区、奥林匹克中心区、北京经济技术开发区、顺义临空经济区六大高端产业功能区。2006年六大高端产业功能区增加值已占全市GDP的38%左右，成为带动北京经济发展的重要增长中心。按照北京市“十一五”规划，在奥运会后，北京还将全面启动三个重点新城——通州、顺义、亦庄的建设，加快新城发展。三个重点新城规划编制已经完成，项目前期工作正在抓紧进行。其他八个新城有关加快发展的工作也正在积极进行之中。新城市开发必将推动北京市域范围内经济的进一步多中心网络化发展。

其次是首都圈内经济的多中心网络发展趋势。国家“十一五”规划将天津滨海新区、河北曹妃甸循环经济产业示范区纳入国家总体战略发展布局，并编制了《京津冀都市圈区域综合规划》。根据规划，首都圈将成为以北京为主核心、天津为次核心，以北京—廊坊—天津—滨海新区为发展主轴，以北京—保定—石家庄和北京—唐山—秦皇岛为两大发展次轴，以曹妃甸—滨海新区—沧州—黄骅港为临海城镇密集带，以张家口和承德为冀北增长极的新型国际化大都市圈。北京市正通过市场机制、合作机制、互助机制和扶持机制，在交通、水资源与生态、能源、产业、旅游、科技、教育、文化、卫生、市场体系等诸方面，积极参与这一国际化大都市的建设。可以预见，在奥运会后，以北京为主核心的多中心网络型首都圈经济发展趋势将更加突出。

趋势之五：进一步向循环经济转型。随着增长方式转变、经济结构优化、技术进步、全社会环境保护和资源节约意识不断增强和对良好环境质量需求的增长，以及节能降耗减排体制机制建立健全，在奥运会后，北京经济将进一步向循环经济转型。

专家谈“后奥运经济”

欧元之父蒙代尔

2008年北京奥运会以后，会对北京的发展产生一定影响，因为奥运会后可能会使举办城市的经济发展速度放慢下来，所以北京需要通过其他新的手段保证经济的增长。但是可以肯定，奥运会结束后，不会给整个中国经济带来衰退。

国际奥委会市场开发委员会主席海博格

我非常看好2008年奥运会后中国经济的发展，奥运的遗产将会使北京和整个中国的经济在其后10年甚至更长时间里长期从中受益。奥运会让全体中国人为之感到自豪，中国也会随着奥运会的举办更加对外开放，而这一切都将给会后的中国带来诸多积极的影响，涉及旅游、教育、体育和文化等。

奥运经济学者霍格尔·普雷斯

北京奥运会的成本投入和往届是差不多的，近20亿美元用于组织，10亿~30亿美元用于建设和改造场馆。其他开销是比赛之外的，即使没有奥运会也可能需要，比如植树绿化和下水道系统的改造等。我认为体育设施的赛后使用不是那么重要，最重要的是国家形象的大幅提升。中国人打造了一个向全世界展示奥运会和中国的光荣形象。

经济学家李稻思

奥运会对中国经济有推动，与往届奥运会相比，北京奥运会确实投入了很多钱，这是个大数字，但与中国经济的规模相比，这一数字并不大，更何况这些投入是分摊在很多年，因此中国经济其实对奥运会的依赖非常小。

经济学家林毅夫

北京2008年奥运会之后中国经济不会出现萧条。中国的经济规模跟其他举办奥运会国家的经济规模比较起来差异较大。中国在2007年达到的经济规模是3万亿美元，与雅典奥运会相比中国的经济规模是希腊的16倍。中国的经济规模比他们大了许多，所以这些投资相对中国来讲是不多的。

后奥运经济他山之石

2004年第28届夏季奥运会——希腊雅典奥运会：忽视“后奥运计划”无人为希腊埋单

“从经济角度讲，雅典奥运会简直是灾难”

据英国《观察家报》报道，在雅典奥运会闭幕6个月后的今天，那些曾经受到世界瞩目的体育场馆和辅助设施情况如何？希腊承办奥运会究竟有何得失？相信无论是承办下届奥运会的北京还是其他几个准备争夺2012年奥运会举办权的城市都想知道这些问题的答案。

场馆露出破败迹象

最起码现在看来，奥运会结束后雅典方面的情况并不是一帆风顺。在这座举办了世界上“令人难忘的、梦幻般的奥运会”的城市，曾经举行了各种赛事的奥运场馆已呈现出某些破败迹象。在皮划艇赛场周围，为场地提供照明的灯现今个个东倒西歪，甚至铜芯已从破烂的电线中露出来。

为了成功举办奥运会，雅典政府专门建设或改建了36座场馆，但现在许多场馆因缺乏维护破败不堪。这种情况还有可能继续下去。在奥运会设施的对面，一座世界级的篮球馆内部，顶篷破了几个洞，正往下流着水。篮球馆的地板铺有地毯，一个个水桶被巧妙地放在滴水处，“收集”滴落下的硬币般大小的水滴。在雅典市内，古代马拉松比赛跑道两侧的排水沟完全被废物堵塞。而耗资数百万英镑、在奥运会期间用做新闻中心的设施也出现了类似的情况。斯科尼亚斯赛艇中心的水变成了褐色。外界现在普遍认为那里简直就是环境灾难，希腊官员对如何治理它也煞费苦心。

忽视后奥运计划尝恶果

雅典奥运会作为有史以来参加人数最多的一次奥运会，也是在安全方面投入资金最多的一次奥运会，总计花费了大约70亿美元左右，是原来预算的5倍。经济学家指出，希腊人至少需要20年才能还清这笔债。

希腊权威日报《每日新闻报》的报道代表了这种情绪："奥运会后的大量账单随着体育场馆的贬值进一步增加。人们对奥运会兴高采烈的记忆一直会消退下去。"上周，该国文化部副部长芬尼·帕里·佩拉里雅承认，希腊人最担心的事情终于发生了。这位曾经领导奥运会筹备工作的政治家说："我们没有一个可靠的后奥运会计划。许多场馆在设计时完全没有想到奥运会结束后该如何使用。"

监察奥运场馆使用的国有公司负责人克里斯托斯·哈德杰曼纽尔叹息道："他们（前社会党政府）更关心的是在体育场馆建设过程中不遇到阻力，而把提出后奥运会时期的战略放在次要位置。"

亡羊补牢尚来得及

现在正加班加点工作，研究合理利用奥运场馆方法的希腊官员表示，未来申办奥运会的城市应该从中吸取一些教训。现在，雅典每年维护这些设施的费用高达6000万美元（4130万英镑）。

奥运会结束以后，空空如也的体育馆根据短期租借合同，租借给流行歌手尼克·卡夫、银行委员会、德国汽车生产商宝马公司等个人或公司使用，但这距离大多数希腊人的期望还有很大差距。

2000年第27届夏季奥运会——澳大利亚悉尼奥运会："最赚钱"、"最成功"奥运会未避开低谷效应

2000年的悉尼奥运会没有留下任何债务，而且取得史无前例的突出收益。直接经营方面，悉尼奥组委净支出17.4亿澳元，主收入24.3亿澳元，汇集其他收入，共赢利7.65亿澳元（折合约35亿元人民币），是现代奥运历史上经济获益最高纪录。其运作流程各环节的经营成果大幅超过上一届的美国亚特兰大奥运会。或许正因为其美

好、安全、喜庆，再加上收益颇丰，被萨马兰奇先生称之为“历史上最成功的奥运会”，同时也被舆论称为“最赚钱的”一届奥运会。

“最赚钱”、“最成功”的奥运会未避开低谷效应

2000年悉尼奥运会时，澳大利亚的经济规模是3900亿美元，对于这样一个较发达的国家来说，奥运景气的效应也十分明显。

资料显示，悉尼奥运会的直接经济影响规模为66.77亿美元，间接经济影响为113.51亿美元，总体经济影响达到180.3亿美元，其中悉尼所在的新南威尔士州就获得了高达51亿美元的经济收益。

据悉尼市所在的新南威尔士州政府的官方统计：在奥运筹备期产业产出提高1.5%，奥运年达到2%。举办悉尼奥运会使澳大利亚GDP增加63.5亿美元，使澳大利亚实际家庭消费增加37亿美元，额外累计提供9.9万个专职工作机会。奥运年额外给新南威尔士州带来24000份专职工作，给其他州带来5000份专职工作。奥运年对劳务产业、运输与通信业及建筑业的影响最大，分别拉动了1.12%、0.99%和0.63%的产出。奥运会期间，承包商大约额外雇用了65000人从事安全、运输及后勤服务等方面的工作。

澳大利亚地区经济分析中心的调查报告显示，奥运会为澳大利亚直接带来65亿澳元的经济活动，增加了27亿澳元的出口额。《悉尼先驱论坛报》称主办奥运会为悉尼吸引来87亿美元的海外投资。澳大利亚企业也很好地利用了奥运会这个平台，提升自己的影响力，在24家TOP赞助商中澳大利亚企业占到了13席，在其他18家支持商、40家一般产品供应商和24家体育产品供应商中，大部分为澳大利亚公司。原悉尼奥组委CEO桑迪·豪威先生介绍，约200多家澳大利亚企业在此期间因获得国际订单而赚了大钱。

1993年悉尼申办2000年奥运会成功以后，引发了房地产业的兴旺发达。蜂拥而来的投资者把房价不断推高，房价每年递增10%以上，在随后七八年的时间里，城市房价翻了一番。2000年奥运会之后，悉尼的房价还在上涨，并一直持续到2003年底。

奥运会也推高了股市。早在1993年申办成功当年，澳洲股市就创下了40%的年涨幅，此后，股市连年上涨，仅1994年出现小幅回调，到2000年的8年内累计上涨103%，年均上涨12.94%，几乎是前8年6.8%平均涨幅的两倍。奥运会前18个月里，AS30指数上涨了19%。奥运会开幕前夕，标普/澳证200指数更是突破3300点，创下历史新高。AS30指数也在奥运开幕后的第三天达到新的高点。奥运会后的2000~2006年间，澳大利亚普通股指数上涨了76.07%。当然，悉尼奥运的股市效应也不单纯是因为奥运，和当时澳元贬值的背景也有相当重要的关系。

除了股指上涨，游客人数的上涨也尤其明显。资料显示，从1997年算起的4年里，奥运会给澳大利亚带来的旅游总收入达到42.7亿美元。1997~2004年期间，到澳大利亚的国外游客因为奥运额外增加了约160万人，国外游客在澳大利亚的支出也不菲，给新南威尔士州带来了约43亿美元的收入。奥运会后，澳大利亚在全球旅游目的地排名上也有了很大幅度的上升。

不过，这届被国际奥委会前主席萨马兰奇称为“最好的一届奥运会”也还是没有避免奥运后低谷效应，直到现在悉尼仍在为举办奥运会所预付的巨额开支还债。

悉尼所在的新南威尔士州在筹备奥运的前4年投资出现了大幅增长，GDP在投资的刺激下增长很快。赛后投资却急剧下跌，甚至出现了负增长，对GDP增速拖累较大。直到2003年投资增长率回升到10%，才恢复至赛前的状况。在此期间，由于居民消费尚能维持一个较为均衡的水平，才没有造成更大的负面效应。悉尼人口较少，仅约400万人，对体育场馆需求相应较少，再加上寥寥无几的国际体育赛事，使得2004年之后的悉尼奥运会体育场馆利用率下降问题愈发突出，无疑对纳税人造成沉重的负担。

如今，只是借助每年2680万欧元的津贴，这些场馆才能维持正常开放。由于负债130万欧元，超级圆顶体育馆的股东们甚至不得不进行资产变卖。“最好的一届奥运会”，却付出了最昂贵的代价。

奥运周期超越十年框架成就奥运文化经济典范

另外，悉尼最为可观的是在前期和会期精心积累、卓越操办的基础上，延续至今地发挥奥运会“剩余价值”的后奥运经济。不错，对于场馆赛后利用这个世界性难题，澳大利亚也并非解答得很好；但是其后奥运经济的领域、层次、收益等早已跨越这一视点，达到文化创意经济的高端，超出其他主办国的想象。

奥运会结束后，组委会将其筹备奥运会的全部经验归纳成文字，并以350万美元的价格出售给了国际奥委会。此前，虽然奥运主办城市都会向国际奥委会及下届奥运会的承办国介绍相关经验，但将内容集结成册，作为有形的知识财产来出售还是澳大利亚人的创举。

原悉尼奥组委CEO桑迪·豪威曾自豪地说，提供奥运会举办知识成了我们的一个产业。对比多数奥运会只有16天的辉煌，悉尼因强劲的前后奥运文化经济，不但让澳大利亚躲过1997年亚洲金融危机的一劫：即使在最困难时期仍保持着高于多数欧洲国家的3.5%的经济平均增长率，而且让国际奥林匹克研究者兴奋的是奥运会这一文化符号的巨大主题文化经济价值，悉尼的“奥运周期”、因奥运而直接受惠期，早已超过“前7年后3年”的十年框架，主要由于运作者因素仍然在延续。

中国驻澳文化参赞尹亚立先生在提到奥运会对悉尼的影响时也曾指出，过去欧洲民众普遍认为悉尼不过是个农村；澳大利亚前奥运文化经济的运作，让悉尼美丽的风光和现代化形象世界闻名；国家、城市、相关产业的能力得到广泛地认同，大大改善了当地经济发展的国际环境。于是在距离2000年举办奥运期尚有两三年的1997、1998年，澳大利亚就出现了奥运文化主题拉动下的旅游高峰、标志产品销售高峰、增加就业高峰。

“国际会议协会”目睹商务市场在悉尼申奥成功后逐年增长，于是宣布“澳大利亚分别成为美国、英国会议旅游的目的地之首”；国际奥委会市场部主任Michael Payne对此也表示赞许，说：“澳大利亚是第一个能够充分利用奥运会机遇并寻求全国范围内旅游业发展的奥运会举办国，其操作水平之高前所未闻，希望能看到这种模式被应用于未来的奥运会中去。”

1996年第26届夏季奥运会——美国亚特兰大奥运会：奥运遗产巩固亚特兰大全球商业中心地位

与1984年洛杉矶奥运会一样，1996年的第26届亚特兰大奥运会也是完全由美国民间力量承办，通过私有经济来源募集资金，包括赞助、出售转播权及门票。亚特兰大奥运会门票收入占总收入的26%，是洛杉矶和巴塞罗那的总和。但是由商人们组织举办的这届奥运会却备受批评，被称为是有史以来商业味道最浓的奥运会。

Polk—McRae公司（美国一著名经济管理咨询公司）和乔治亚大学特利经济学院经济增长研究中心所提供的资料显示，1996年亚特兰大奥运会对乔治亚州带来的总体经济影响为51亿美元。

商业运作无孔不入 仅凭砖块创收1800万美元

受奥运会影响，亚特兰大房地产市场日益活跃。在奥运会举办前5年，亚特兰大市房价增长了79%，当时美国全国的房价平均涨幅只有13%。奥运会之后，许多美国人，尤其是亚裔美国人，都从洛杉矶等地搬到亚特兰大居住。因为那里的房价虽然上涨了，可是与东北部或者西海岸的城市相比，价格仍然偏低。奥运上涨的房价并没有因运动会的结束而落下来。

亚特兰大奥运会给地产带来了两个地产新含义：商业地产与郊区住宅。虽然奥林匹克公园周边房地产升值普遍超过30%，但更重要的，市中心的旧城区得到大规模的改造，写字楼和商业物业蓬勃发展。在这时，投资商业地产的收益更加明显。奥运会期间留下的先进通信设备和宾馆，使很多会议选址于此，亚特兰大因此成为“会议之城”。在亚特兰大市区拔地而起的酒店、写字楼、高层住宅建筑和娱乐场所的价值已经超过了18亿美元。

另外，其后续效应十分明显，经济持续稳定增长，人们消费信心大增，在郊区购买房产成为当地的热点，亚特兰大郊区住宅已成为当地著名旅游景点之一。在举办奥运会后的5年内，亚特兰大接待的来访者有了明显增长，尤其是参加会展活动的商务旅行者，每年增加约5%~10%。1990~1993年间，来乔治亚州观光的游客猛增了

78%，同期国内到亚特兰大观光的游客增长了35%。

亚特兰大市会议与旅游局负责公关的官员劳伦·贾瑞尔接受采访时说，亚特兰大旅游业的特色是商务会展和休闲旅游并重，每年大约接待3700万访问者，其中1/3是商务旅行者。在每年举办商务会展的数量方面，亚特兰大在全美排名居第四，仅次于拉斯韦加斯、芝加哥和纽约，而在个人休闲旅游方面则排名第十。

贾瑞尔说，由于商务旅行人员的日常花费远高于普通的休闲游客，会展业已成为当地旅游业的一个重要收入来源，年收入在110亿美元以上。

亚特兰大奥运会结束后，新一轮的创收依然轰轰烈烈。会上所有的用品进行大拍卖，组委会给任何一件商品都贴上了五环标志，甚至连汉堡包也可以利用，这使奥运标志产品的销售额超过10亿美元。商业化无孔不入的运作，使亚特兰大奥运会创造出120亿美元的产值，这超过大部分参赛国家一年的国民生产总值。

在亚特兰大百年奥林匹克纪念公园里有80万块印有不同人名的红褐色砖块，自1996年以来，这些砖块已经卖出60多万块了，所剩不多。花30美元，你也可以把自己的名字印在这长约30厘米、宽约15厘米的砖块上。照此计算，在这个十几分钟就可以全部逛完的公园里，仅地面上的砖块，就给亚特兰大带来了1800多万美元的收入。

过度的商业化使亚特兰大遭受了许多批评，有许多观众发现萨马兰奇在闭幕演说时，他第一次没有将本次奥运会形容为“有史以来最好的一届奥运会”。

“商业化能够而且必须效力于体育运动的发展。在制定计划时，我们却不可忘记一条：体育必须有自身的尊严，而不能被商业利益所控制。”亚特兰大奥运会后，当时的国际奥委会主席萨马兰奇的这一席话说得很重。

奥运遗产巩固亚特兰大全球商业中心地位

奥运会给亚特兰大留下一批国际一流的体育设施；促进现有设施的改建与扩建；大大提高了亚特兰大作为国际一流的体育竞赛、会议和闲暇旅行城市的知名度；与奥运会有关的经济会同和访问向乔治亚公民提供了与全球经济界的领导性人物进行接触和交往的机会。奥运会给社区带来的回报包括：当地的志愿服务精神、创造工作机会和就业培训、青少年教育活动、向社区发展项目提供资金以及文化活动。

亚特兰大商会主席Williams说，如今10多年之后，奥运遗产仍然在改变着这个城市。“奥林匹克遗产已改变了亚特兰大市区的面貌、巩固了其作为全球商业中心的地位，并使亚特兰大成为了全球的运动之都。”

为举办1996年奥运会，美国亚特兰大市政府总共投资了10亿美元，进行基础设施建设。投资4700万美元的奥运村，成为了乔治亚技术学院与乔治亚州立大学的学生宿舍。类似的还有投入2400万美元修建的游泳池；投入了1500万美元改建的乔治亚技术学院拳击比赛场馆；亚特兰大大学在赛后接收了价值达5100万美元的田径场地设施。在乔治亚州立大学，投入了200万美元用于改建体育馆，以承办羽毛球比赛。

其他类型的设施在此次奥运会中也得到了开发、改建和扩建，例如私人出资5700万美元兴建的百年奥运公园、造价1000万美元的国际体育广场等。还有许多项目早就被列入了规划项目，但由于经费的缺乏一直未能启动。奥运会的举办为这些建设项目的启动，赢得了千载难逢的筹资良机。

奥运将亚特兰大转变成为一座现代城市。如今走在城市的街道上，你在感受着它的现代气息的同时，也不失传统的氛围。在市区的一些小街道里，许多传统的商店和手工艺店隐藏在高楼大厦之间。

奥运会也成为亚特兰大商界一个重要的市场开发工具。在乔治亚力量公司的领导下，遗产经营项目建立了一个重新安置20个大公司的目标。此举直接创造了6000个工作岗位，间接创造了12000个工作岗位，每年给亚特兰大居民增加1.5亿美元的工资收入。亚特兰大商会名为“前进，亚特兰大！”（Forward Atlanda）的市场开发活动，充分抓住了1996年亚特兰大奥运会的契机。乔治亚州产业、贸易与旅游部通过“全球乔治亚”的市场开发活动，从乔治亚州议会中获得了800万美元的收入。所有这些计划都在就业、工资、旅游及投资方面给乔治亚州带来了巨大的回报。

同时媒体连续不断的报导和宣传在全世界提高了亚特兰大的知名度。1996年，在《财富》杂志评出的拥有全球最佳经济环境的城市中，亚特兰大名列第一。在《世界贸易杂志》评出的拥有国际跨国公司最多的10个城市中，亚特兰大也名列第一。在Ernst and Young公司评出的全球10个房地产市场前景最佳的城市中，亚特兰大同样名列第一。、

后奥运场馆开发

由于奥运场馆主要用于承接重大体育赛事，功能比较单一，因此奥运场馆的赛后利用难度大，经营和开发奥运场馆赛后资源是每个奥运会举办城市都要遇到的重大挑战。北京，作为2008年第29届奥林匹克运动会的主办城市，在2001年申办成功之后就开始研究奥运场馆的赛后运营问题。真正做到了在奥运会前筹划“后奥运时代”。

从2007年起，北京市政府将连续3年，每年拿出5亿元支持体育产业的发展，其目的是从政府层面推动，保持奥运前后体育赛事的热度。这些投资将用于引入更多的国际一流赛事，保持场馆使用率，将北京打造成为国际重要体育赛事中心。

同时，利用场馆发展旅游、会展业，也是增加利用率的一种方式。北京奥运场馆的设计中，原先都考虑了此后的会展功能，由于北京市自身的市场能力和信息集聚功能，同时其他基础配套设施的完善，北京已经逐步迈入国际会展中心的行列。

实现场馆利用率提高的关键，还是引入现代化的管理机制，实行专业的体育经纪公司的管理，按照市场原则经营利用场馆。以往的奥运历史已经证明，场馆商业化程度越高，使用率就越高。

国际奥委会主席罗格曾表示：“大家总想修建宏大而昂贵的建筑。比赛时爆满，门票收入对主办者很重要。但是，我们应该仔细考虑一下，能否把比赛场地修建得恰如其分，在赛后仍能使用。”

创新经营——最大限度实施市场化。斥巨资建设的场馆将如何维持赛后的

正常运营？要知道，单是国家体育场“鸟巢”，一年的运营费便高达5000万—7000万元。

早在建设之初，最大限度实施市场化运营就成了北京奥运场馆投融资工作的基本准则。在“鸟巢”、“水立方”、奥运村、国家会议中心、奥林匹克篮球馆、奥林匹克水上公园这6个项目中，政府只是在成本高、赢利难的“鸟巢”项目上投入了近20亿元，其余约190亿元的投资均来自中标企业的自愿投资或社会捐赠。

“鸟巢”、“水立方”等北京奥运会场馆，都有自己的业主。以“鸟巢”为例，2003年，中国中信集团联合体中标成为“鸟巢”项目法人合作方，与北京市国有资产经营公司共同组建国家体育场有限公司，负责国家体育场的融资、建设、管理、运营、维护和移交等各项工作，并享有政府授予的30年特许经营权。“鸟巢”是中国首例实行PPP（即Public-Private Partnership，中文译为公私伙伴关系）经营模式的体育馆。这是一种政府与企业共担风险的经营模式。

而国家体育馆、国家会议中心和位于五棵松的北京奥林匹克篮球馆等项目则实践了BOT模式。BOT是Build-Operate-Transfer的缩写，意为建设—经营—移交模式，由投资者全部承担项目的设计、投资、建设和运营，在有限时间内获得商业利润，期满后须将场馆交付政府。

规划先行——高使用率是前提。几乎每次奥运会结束后，主办方都要为大量体育场馆的运营伤透脑筋，一些主办城市，甚至因此背负上沉重的经济负担。奥运场馆赛后利用，成为世界性难题。

北京奥运场馆建设的初期，就从整体布局、赛后利用、市民需求、社区配套和市场运营等方面予以充分考虑和统一规划。

北京奥运会场馆在建设规划之中特别注意到兼顾集中与分散的原则。奥运会场馆主要集中在北京城市的北部和西部，共分为4个区域，包括1个中心区和3个分区。中心区位于奥林匹克公园内，3个分区分别是大学区、西部社区、北部风景旅游区。

4大区域中，北京奥运中心区作为场馆和设施最集中的区域，奥运会后将成为一个集展览、体育、休闲、商业等活动于一身的大型高品质区域。而大学区的场馆都坐落于各大高校校园内，赛后主要用于教学、训练、比赛等。

北京西部缺乏大型的体育设施，五棵松体育中心将很好地填补这个空白。五棵松场馆赛后将为周边社区的居民服务，有效缓解城市西部公共体育设施的紧张状况。

场馆利用——不能盲目追求利润。奥运会后，由业主来经营场馆，是一大创新，但也由此产生了一个问题：企业自然要追求利润，是否会将老百姓挡在场馆之外？这首先要搞清一个概念：奥运场馆是经营性的，还是公益性的？

用北京奥组委官员魏纪中的话来说：奥运场馆毕竟是公共设施，政府给予了大量支持，像税费的减免、财政的投入，所以即使在建设中吸纳了民间资金，但奥运场馆仍然具有公益性的特质。所以奥运场馆经营的利润应该受到限制。

魏纪中曾表示，北京奥运场馆日后的经营可以参考国家大剧院的经验。国家大剧院也是一个投资很大的项目，但是由于政府的支持，国家拿出了大量的补贴，所以它可以推行一个合理的票价体系，能让大家买得起票。所以，奥运场馆应该有相当一部分是以较低票价向百姓开放的。

因此，合理的收费与政府购买服务相结合，既能使企业经营场馆有利润，又不会使群众健身"进场无门"——场馆赛后利用，最主要的还是"人"，如果没有群众的广泛参与，赛后场馆利用终是一句空话。同时，建在大学内的场馆，也面临一个如何向普通群众开放的问题。北京市体育局表示，北京将继续促进学校体育场地向社会开放。这也是一个长期需要关注的问题。

奥运会赛后场馆利用，是一个世界性的难题。作为一个发展中国家，中国虽然在北京奥运会场馆赛后利用方面做了大量与细致的工作，但在实际运行过程中，还将面临不少难题。直面困难、解决问题，在奥运场馆赛后有效利用方面探索出宝贵的经验来，这也将是中国在北京奥运会后对国际奥林匹克运动的新贡献。

"鸟巢"30年冠名权拍卖

国家体育场"鸟巢"将迎来新的运营商：由中信集团公司牵头的投资财团将

负责“鸟巢”30年冠名权的拍卖。据介绍，冠名权标价高达数亿美元，同时出售的还有内部的软饮和技术等大约10个特定合伙权。已有6家跨国公司正在争夺国家体育场的冠名权。根据要求，“鸟巢”前所冠的企业都必须非常声名显赫，而且必须在中国拥有很好的声誉。预计最终结果将在未来几个月内宣布。北京市政府也会对赞助商选择工作进行审核。

公司冠名体育场在美国已是司空见惯，但这在中国却是一件新生事物。长期以来，大多数场馆都是政府拥有。“鸟巢”在中国创立了一种新的公私持股模式。中信集团为首的一个财团持有“鸟巢”42%的股权和30年的经营权，其余部分由北京市国有资产经营有限责任公司拥有。

中信集团将斥资3亿元人民币用来对“鸟巢”进行商业化改造。整修后，在奥运期间能够容纳9.1万人的“鸟巢”将把座位数削减至8万。它已经被预订为北京国安足球俱乐部的永久主场。体育场的管理方还在与其他会展项目洽谈，希望每年能举办至少60场比赛和音乐会。除了出售VIP包厢外，它们还将在附近区域设立博物馆、商场、超市和酒店等。

“水立方”营造游乐中心

“水立方”的设计方案显示，通过奥运赛后改建，游泳中心的竞赛功能面积届时将只占到总面积的21.4%左右，赛后它将是一个戏水乐园，运营的主体是人造冲浪海滩，围绕它还有种类繁多的水上娱乐、健身、培训等设施，建成后将是北京最大、最全面的市民水上游乐中心，为将来的市场化运营管理提供了广阔的发展空间。

国家游泳中心“水立方”也在出售合伙权。奥运会后，“水立方”的部分观众席将被撤去，整个场馆将被改建成一个训练和娱乐中心。计划中的新增设施有网球场、水滑梯、零售商店、酒吧和餐厅等。

“水立方”由北京市国有资产经营有限责任公司拥有。北京国家游泳中心有限责任公司将负责 “水立方”在奥运后的运营，公司承诺“水立方”将作为游泳馆对公众开放，门票价格将和北京大多数游泳馆差不多——在奥运场馆中，“水立方”是唯一一所部分建造资金来自于民间捐赠的奥运场馆，政府希望让“水立方”为公众所用。

五棵松篮球馆成NBA运动场馆

位于北京西四环的五棵松篮球馆将成为首家NBA驻北京的运动场馆，主要将用于举办NBA和中国的篮球赛事。NBA中国公司和体育场馆运营巨头美国安舒茨娱乐集团（AEG）同意联合管理五棵松篮球馆。

这两家公司也将负责临近的北京五棵松文化体育中心。纳入计划的有演唱会和戏剧演出，管理者还表示他们有可能将篮球场改为冰场，举行一些国际滑冰和冰球赛事。

国家体育馆将成多功能锻炼场所

建立在“水立方”北边的国家体育馆是中国最大的室内体育馆，奥运会后这家场馆将被用于举办体育竞赛和艺术、文化和娱乐等展出。它还将成北京市民新的多功能锻炼场所。

据介绍，国家体育馆还拥有绝佳的声学设计，能够对外部声音绝缘，并且椅子开合时不会发出噪声。预计这将对国家体育馆的奥运后使用带来新的空间。

网球中心成国际比赛场地

从2009年起，奥林匹克公园网球中心将被加入国际女子职业网联（WTA）精英巡回赛的国际比赛场地，北京也将成为四大国际巡回赛城市之一。中国网球公开赛将在这里举行。奥运会后，这里将成为中国运动员的训练场地，部分场馆对公众开放。

奥运村公寓将出售

奥运村的42栋6层和9层公寓楼由于每套面积介于200—400平方米之间，所以每套将以400万~800万元的价格出售，村体本身将被改造成观光和居民区。奥运村中的多数公寓都拥有太阳能电池和地热取暖泵，这也是建造的时候被誉为“绿色奥运”的特色之一。

水上公园将成度假区

顺义奥林匹克水上公园奥运会后将成为北京东北部最大的旅游休闲度假区。

顺义区专门成立北京顺义水上公园投资发展中心。按计划，以水上公园为核心的周边15平方公里区域内，包括高尔夫球、马术、拓展等其他体育项目，采摘、观光等旅游项目的综合开发工作2008年将完成区域概念性规划的编制工作，2009年将启动招商工作。在不远的将来，一个以水上公园为核心，集文化、娱乐、体育休闲于一身的北京东北部最大的旅游休闲度假区将展现在世人面前。

射击馆变身射击博物馆

北京射击馆不但将成为奥运会等大型赛事的比赛场地，还将成为射击运动员训练、切磋交流、留存纪念的家园。部分临时设施改造后可以对外开放，成为健身、购物、休闲、娱乐场所，还能成为国防教育基地、推广公众射击体育运动基地及宣传奥林匹克精神的射击运动博物馆。

击剑馆变大会议厅

奥运会后，作为临时场馆的击剑馆将被改造成为能容纳6000人、配有专业舞台、先进灯光、音响、视频和同声传译等设备的大会议厅。而且可以安装活动座椅、推拉隔墙等，按照需求将大会议厅灵活分隔，主要用于举行大型会议、宴会、展览等活动。

后奥运中国产业猜想

2007年1月29日，北京市财政局副局长徐熙在参加北京市十二届人大五次会议新闻发布会时说，北京市已经决定，将2008年奥运会后经济发展的新引擎重点定位在文化和体育产业。

北京市发改委在向十二届人大五次会议提交的报告中提出了后奥运时期北京将重点发展几大具有奥运特色的产业，其中体育和文化被置于首要位置。据北京市发改委副主任王海平介绍，北京举办2008年奥运会，是推动首都体育产业发展的有利契机。我们鼓励社会资本和外资投资体育产业，同时要加快培育体育品牌企业集团和大型体育赛事。

奥运会是对金融业服务能力的一次大考。中国人民银行支付结算司司长欧阳卫民表示："经过各有关方面共同努力，奥运城市支付环境得到了全面改善，并以此带动了重要旅游城市乃至全国金融服务环境的改善。"以奥运为契机，金融服务改革的步伐将进一步加快，老百姓将成为受益者。

奥运会同样推动服务业迅速成长。北京奥组委执行副主席王伟告诉记者："北京的生产性服务业、高科技产业和文化创意产业有巨大潜力，奥运会后，这些产业都将是新的增长点。不仅北京，全国的服务业水平都将在奥运的推动下进一步提高。"

北京奥组委特聘专家，北京奥运经济研究会执行会长、研究员陈剑认为，从北京奥运的情况来看，中国经济基本面向好，"后奥运衰退"不会出现，奥运结束后仍会对旅游、会展、体育休闲、金融等行业产生带动作用。

旅游业：增势不下10年

旅游业是历届奥运会受益最大的部门。奥运会的筹备和举办会吸引世界各国的大量游客，其中包括国际奥委会、国际单项体育联合会、各国奥委会等国际体育组织的官员、运动员和教练员，赞助商、新闻记者等奥林匹克大家庭成员。而国外游客以及举办城市以外的本国旅游者的人数则远大于上述参加奥运会的奥林匹克大家庭成员。世界各国的游客主要是观看奥运会（包括赛前的测试赛）、参加奥运会期间的文化活动等。

从各国举办奥运会的情况看，奥运会举办之时，一般可以吸引20万~30万名国际旅游者，他们主要是海外中上等收入阶层的体育和旅游爱好者。在2008年奥运会期间，预计北京将接待境外奥运观众和旅游者50万人，国内观众200万人以上。

由于奥运会提升了中国影响，扩大了北京、青岛等奥运筹办城市在世界上的知名度和影响力，再加上中国经济正向全面小康迈进，正处在旅游业迅速发展时期，因此，预计奥运会后，北京、青岛等城市接待境外游客的数量将保持持续增长，增长势头将保持10年以上，进而推动中国旅游业整体发展。

会展业：日臻成熟更具引力

会展业也是历届奥运会受益较大的部门。2008年奥运会对北京会展业的影响和促进将是十分巨大的：在环境和生态方面，为了实现绿色奥运的承诺，北京推出了绿城工程、蓝天工程、碧水工程、青山工程等一系列重大工程。生态环境的改善必然会提高北京对国际性会议和展览的吸引力，使北京成为更有竞争力的国际会展城市。在城市交通建设和管理方面，以方便快捷、安全有序、经济环保为目标，北京全面推进了交通建设与管理的现代化进程，加快轨道交通、城市道路、高速公路、首都机场扩建等工程建设，形成以公共交通网络为主体、以城市快速轨道交通为骨干、对外交通发达的现代化交通体系，为保障和促进北京社会经济及城市发展提供充分的交通条件，为奥运会提供一流的城市交通环境，这将从根本上改变城市交通对会展业的制约。

在2008年奥运会召开之前，北京已新建了一批会议展览设施，增加的展馆面积达到了40万平方米。这大大增加了北京作为会展中心的容纳能力，为北京举办大型展览提供了基础条件。另外，从以往几届奥运会的设施建设看，奥运会体育场馆不仅可作为体育活动设施，而且可以成为经贸交流、文化活动的场所。这不仅部分解决了奥运场馆的后续利用问题，也会促进北京会展产业的发展。

从会展专业所需人才来看，奥运会的举办刺激了中国会展教育的发展，为北京会展业积累了举办国际大赛的经验，培养更多的会展专业人才。2008年奥运会举办之际，将会有更多的专业人才投身于会展产业的经营与管理之中。同时，通过奥运会的策划、组织、管理和商业化运作，必然为中国会展业积累更丰富的举办国际大赛的经验，培养更多的会展专业人才。可以预期，奥运会后，这些都将为会展业的发展提供巨大空间。会展业将在今后10年甚至更长时间内保持两位数增长。

体育休闲产业：进入快速发展期

体育休闲产业是奥运会最直接受益的产业。仅北京奥运会所需的各类体育器材、设备用品等价值就超过2亿美元，体育市场需求巨大。体育休闲产业的发展除竞技体育中的门票、广告、转播权、冠名权、特许经营权以外，还包括体育用品业、体育赞助业、体育旅游业、体育明星经济、体育无形资产等诸多领域。

体育休闲产业直接受制于一个国家经济发展水平。中国体育休闲产业从整体上看还处于刚刚起步阶段，2008年年底，中国人均GDP将超过2500美元，随着中国经济发展水平向全面小康迈进，也极大推动了体育休闲产业发展。而北京是中国体育休闲产业最具潜力的城市，是中国体育休闲产业的大本营，也是白领阶层人群比重最高的一个城市。2008年年底，预计北京人均GDP将超过8000美元，这一水平正是体育休闲产业快速发展时期。奥运会极大提升了人们对体育休闲产业的关注程度，并已形成了相当规模的体育服务业专业市场，国内从事健身娱乐业、竞赛表演业、技术培训业的体育企业、体育产业经营性机构2万多家，总投资额已超过2000亿元，年营业额超过600亿元。体育产业的产值出现了快速增长的态势。

奥运会后，北京体育休闲产业方兴未艾，将会在今后10年保持两位数的增长。

房地产业：后市仍然乐观

房地产业的发展与经济发展密切相联。在奥运会筹办的7年时间里，中国所有的城镇房地产市场都有了不同程度的发展，因为正是在这一时期，中国人均GDP水平从2001年的1042美元，提升到2007年底的2456美元。

北京奥运会的筹办对北京房地产的促进是显而易见的。由于奥运会的筹办，北京对整个城市发展作了重新规划，城市景观有了重要改变，城市基础设施，包括交通、信息高速公路、与居民生活密切相关的水电气热等生活设施都得到了极大的改善，房地产市场的价值得到有效的提升。随着更多轨道交通投入使用，北京郊区住宅会日益兴旺；与此同时，与奥运有关的城市基础设施水平的提升，城市改造带来大量的拆迁，为北京未来房地产的发展提供了持续、强劲的需求。

从近几届奥运会的情形看，一些奥运会举办城市在奥运会后，房地产市场会出现不同幅度的下滑。但北京房地产走势主要是与经济发展阶段相联系、与供需矛盾相联系，特别是在奥运会筹办的7年时间里，北京常住人口增加了210多万，潜在购买者数量居高不下。奥运会后，城市基础设施水平会进一步提升，北京土地资源的稀缺性、北京作为现代化国际大都市所具有的吸引力等诸多因素共同作用，奥运会后北京房地产市场只会经历一个较短时间的稍作调整，下降空间极为有限，后市仍然乐观。

交通运输业：缩短与世界级城市的距离

交通被誉为城市的血脉。奥运会在短期内聚集的巨大客流使交通运输业客源骤增。建设好交通运输基础设施，给游客提供最便捷通畅的交通运输服务，这是每一个主办城市必须考虑的问题。

北京奥运会筹办的7年时间，北京交通迈入了新的历史时期，发生了重要变化。轨道交通愈来愈成为居民出行的主要工具。奥运会筹办7年时间内，北京在城市交通方面的投资达到了1782亿元。北京轨道交通从54公里提高到近200公里。轨道交通的迅速发展，极大地提升了北京的城市运行效率，缓解了北京的交通压力。

奥运会后，北京将继续保持在交通建设方面的投资力度，到2015年，北京的轨道交通将在2008年基础上再增加350公里，平均每年增加50公里。届时，北京将进入全球城市轨道交通运营里程最长的城市行列，这将缩短北京与世界级城市的距离。

电信业：扶持力度不会减弱

奥运会要求举办国，尤其是举办城市在电信等方面提供一流的硬件和优质的服务。在北京奥运筹办的7年时间里，北京在电信行业的投资是巨大的，特别是信息高速公路建设，北京的投入超过450亿元。信息行业的快速发展，推动了信息产业的升级换代和科技创新。参加北京奥运会的工作人员可以在奥运期间体验到手机对讲服务，看到奥运快讯、奥运手机电视，享受奥运视频点播、奥运多媒体彩铃和无线宽带上网等特色服务。电信业，是北京实现“科技奥运”的主要领域。

奥运会后，北京的产业结构会进一步调整，大力发展生产性服务业，进而带动北京和周边地区的制造业发展，是北京今后的发展方向。而电信业，正是能够带动制造业发展的生产性服务业的主要行业，也是科技创新的主要领域。因此，政府对电信业的政策扶持力度，在奥运会后不会有丝毫减弱。

金融产业：开放催熟竞争力

北京奥运会筹办极大推进了金融产业的发展。奥运会的举办，使银行业在短时间内迎来众多客户，奥运城市的金融服务水平必然受到很大挑战。这将促使银行重视IT基础设施建设，强化个人结算平台的效率，进而催熟中国金融支付产业链，银行卡支付消费将进入井喷式的发展阶段。

历届奥运会上，保险都是风险管理的核心问题，保险业就成为金融业的直接受益行业。按照国际惯例，奥运保险多由举办国实力最强的保险公司承保，而国外公司则以强大的实力参与竞争。面对几千亿元的巨额保险标的，国内保险业为了更好地从中获利，必然在保险产品设计、营销手段、行业竞争与合作方面有更多创新，促使蒸蒸日上的保险业走上新的台阶。

此外，奥运场馆采用市场化运作方式，政府可通过转让30年使用权的办法来鼓励企业参与建设，而项目法人则可通过投资、融资及运营管理获得收益，此举将给金融业带来商机。

奥运会在推动中国体育产业发展的同时，体育产业与金融的融合势在必行。很多国家都利用证券化工具来为体育部门持续经营融资，如美国的体育场馆很多以会员收入、电视转播收入、出售冠名权收入、广告收入等，作为基础资产进行证券化，从而获得经营资金。再比如，英国主要的足球俱乐部也都采取证券化方式筹资，实现了金融与体育产业的有效结合。由此看来，在奥运之后，围绕体育产业的发展，推进相关金融创新也是必然趋势。

北京已提出打造国际金融中心城市的目标。北京在金融产业发展方面具有多方面的优势，2007年底北京金融产业占全市GDP总量已经超过1/8，在全国是金融产业占GDP比重最高的城市。金融立“市”的目标，无疑为北京金融产业在奥运会后的持续发展奠定了基础。

○●2008年的北京，这座历史悠久的文化古都，时尚、动感、魅力四射。奥运在即，北京已经张开双臂，以崭新面貌迎接四海宾客：天更蓝，水更绿，道路更宽广，交通更便利，一座座奥运场馆拔地而起，成千上万志愿者的热情服务……心在动，情似海。这个8月，我们将向世人展示一幅幅烙上火红“中国印”的生动奥运画卷，让全世界的目光都聚焦在一处——中国——北京！

奥运百科 AOYUN BAIKE

奥运赛程

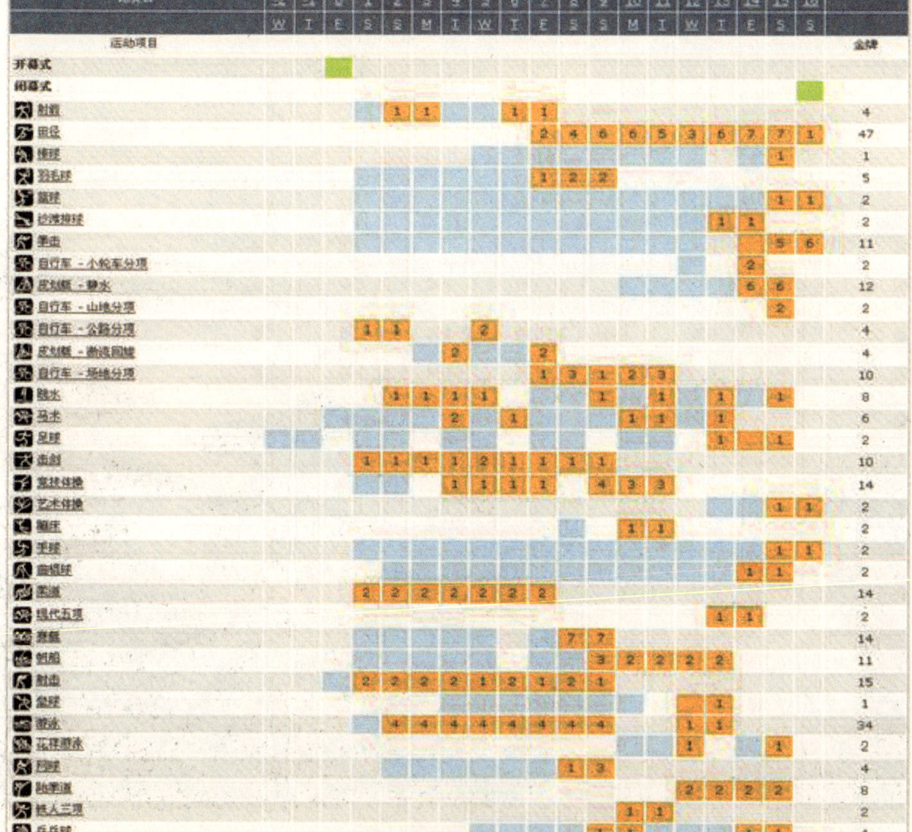

比赛日 决赛日

赛程表

2008年8月	6	7	8	9	10	11	12	13	14	15	16	17	18	19	20	21	22	23	24	
比赛日	-2	-1	0	1	2	3	4	5	6	7	8	9	10	11	12	13	14	15	16	
	W	T	F	S	S	M	T	W	T	F	S	S	M	T	W	T	F	S	S	
运动项目																				金牌
开幕式																				
闭幕式																				
射箭					1	1			1	1										4
田径										2	4	6	6	5	3	6	7	7	1	47
棒球																		1		1
羽毛球										1	2	2								5
篮球																		1	1	2
沙滩排球																1	1			2
拳击																		5	6	11
自行车－小轮车分项																	2			2
皮划艇－静水																	6	6		12
自行车－山地分项																		2		2
自行车－公路分项				1	1			2												4
皮划艇－激流回旋							2			2										4
自行车－场地分项										1	3	1	2	3						10
跳水					1	1	1	1				1		1		1		1		8
马术							2		1				1	1		1				6
足球																1		1		2
击剑				1	1	1	1	2	1	1	1	1								10
竞技体操							1	1	1	1		4	3	3						14
艺术体操																		1	1	2
蹦床													1	1						2
手球																		1	1	2
曲棍球																	1	1		2
柔道				2	2	2	2	2	2	2										14
现代五项																1	1			2
赛艇											7	7								14
帆船												3	2	2	2	2				11
射击				2	2	2	2	1	2	1	2	1								15
垒球																1				1
游泳					4	4	4	4	4	4	4	4			1	1				34
花样游泳															1			1		2
网球											1	3								4
跆拳道															2	2	2	2		8
铁人三项													1	1						2
乒乓球												1	1				1	1		4
排球																		1	1	2
举重				1	2	2	2	2		2	1	1	1	1						15
水球																1			1	2
摔跤							2	2	3		2	2		2	2	3				18
总计				7	14	13	19	17	15	18	27	37	18	20	11	21	21	32	12	302

2008北京奥运奖牌榜

排名	国家/地区	金牌	银牌	铜牌	总数
1	中国	51	21	28	100
2	美国	36	38	36	110
3	俄罗斯	23	21	28	72
4	英国	19	13	15	47
5	德国	16	10	15	41
6	澳大利亚	14	15	17	46
7	韩国	13	10	8	31
8	日本	9	6	10	25
9	意大利	8	10	10	28
10	法国	7	16	17	40
11	乌克兰	7	5	15	27
12	荷兰	7	5	4	16
13	牙买加	6	3	2	11
14	西班牙	5	10	3	18
15	肯尼亚	5	5	4	14
16	白俄罗斯	4	5	10	19
17	罗马尼亚	4	1	3	8
18	埃塞俄比亚	4	1	2	7
19	加拿大	3	9	6	18
20	波兰	3	6	1	10
21	匈牙利	3	5	2	10
21	挪威	3	5	2	10
23	巴西	3	4	8	15
24	捷克	3	3	0	6
25	斯洛伐克	3	2	1	6
26	新西兰	3	1	5	9
27	格鲁吉亚	3	0	3	6
28	古巴	2	11	11	24
29	哈萨克斯坦	2	4	7	13

续表

排名	国家/地区	金牌	银牌	铜牌	总数
30	丹麦	2	2	3	7
31	蒙古	2	2	0	4
33	泰国	2	2	0	4
33	朝鲜	2	1	3	6
34	阿根廷	2	0	4	6
34	瑞士	2	0	4	6
36	墨西哥	2	0	1	3
37	土耳其	1	4	3	8
38	津巴布韦	1	3	0	4
39	阿塞拜疆	1	2	4	7
40	乌兹别克斯坦	1	2	3	6
41	斯洛文尼亚	1	2	2	5
42	保加利亚	1	1	3	5
42	印度尼西亚	1	1	3	5
44	芬兰	1	1	2	4
45	拉脱维亚	1	1	1	3
46	比利时	1	1	0	2
46	多米尼加共和国	1	1	0	2
46	爱沙尼亚	1	1	0	2
46	葡萄牙	1	1	0	2
50	印度	1	0	2	3
51	伊朗	1	0	1	2
52	巴林	1	0	0	1
52	喀麦隆	1	0	0	1
52	巴拿马	1	0	0	1
52	突尼斯	1	0	0	1
56	瑞典	0	4	1	5
57	克罗地亚	0	2	3	5
57	立陶宛	0	2	3	5
59	希腊	0	2	2	4
60	特立尼达和多巴哥	0	2	0	2
61	尼日利亚	0	1	3	4

续表

排名	国家/地区	金牌	银牌	铜牌	总数
62	奥地利	0	1	2	3
62	爱尔兰	0	1	2	3
62	塞尔维亚	0	1	2	3
65	阿尔及利亚	0	1	1	2
65	巴哈马	0	1	1	2
65	哥伦比亚	0	1	1	2
65	吉尔吉斯斯坦	0	1	1	2
65	摩洛哥	0	1	1	2
65	塔吉克斯坦	0	1	1	2
71	智利	0	1	0	1
71	厄瓜多尔	0	1	0	1
71	冰岛	0	1	0	1
71	马来西亚	0	1	0	1
71	南非	0	1	0	1
71	新加坡	0	1	0	1
71	苏丹	0	1	0	1
71	越南	0	1	0	1
79	亚美尼亚	0	0	6	6
80	中华台北	0	0	4	4
81	阿富汗	0	0	1	1
81	埃及	0	0	1	1
81	以色列	0	0	1	1
81	摩尔多瓦	0	0	1	1
81	毛里求斯	0	0	1	1
81	多哥	0	0	1	1
81	委内瑞拉	0	0	1	1
总计		302	303	353	958

附件2
Fujian

残奥会奖牌榜排名

排名	国家/地区	金牌	银牌	铜牌	总数
1	CHN – 中国	89	70	52	211
2	GBR – 英国	42	29	31	102
3	USA – 美国	36	35	28	99
4	UKR – 乌克兰	24	18	32	74
5	AUS – 澳大利亚	23	29	27	79
6	RSA – 南非	21	3	6	30
7	CAN – 加拿大	19	10	21	50
8	RUS – 俄罗斯	18	23	22	63
9	BRA – 巴西	16	14	17	47
10	ESP – 西班牙	15	21	22	58
11	GER – 德国	14	25	20	59
12	FRA – 法国	12	21	19	52
13	KOR – 韩国	10	8	13	31
14	MEX – 墨西哥	10	3	7	20
15	TUN – 突尼斯	9	9	3	21
16	CZE – 捷克	6	3	18	27
17	JPN – 日本	5	14	8	27
18	POL – 波兰	5	12	13	30
19	NED – 荷兰	5	10	7	22
20	GRE – 希腊	5	9	10	24
21	BLR – 白俄罗斯	5	7	1	13
22	IRI – 伊朗	5	6	3	14
23	CUB – 古巴	5	3	6	14
24	NZL – 新西兰	5	3	4	12
24	SWE – 瑞典	5	3	4	12
26	HKG – 中国香港	5	3	3	11
27	KEN – 肯尼亚	5	3	1	9

续表

排名	国家/地区	金牌	银牌	铜牌	总数
28	ITA－意大利	4	7	7	18
29	EGY－埃及	4	4	4	12
30	NGR－尼日利亚	4	4	1	9
31	ALG－阿尔及利亚	4	3	8	15
32	MAR－摩洛哥	4	1	2	7
33	AUT－奥地利	4	1	1	6
34	SUI－瑞士	3	2	6	11
35	DEN－丹麦	3	2	4	9
36	IRL－爱尔兰	3	1	1	5
37	CRO－克罗地亚	3	1	0	4
38	AZE－阿塞拜疆	2	3	5	10
39	SVK－斯洛伐克	2	3	1	6
40	FIN－芬兰	2	2	2	6
41	THA－泰国	1	5	7	13
42	POR－葡萄牙	1	4	2	7
43	NOR－挪威	1	3	3	7
44	CYP－塞浦路斯	1	2	1	4
45	LAT－拉脱维亚	1	2	0	3
46	SIN－新加坡	1	1	2	4
46	VEN－委内瑞拉	1	1	2	4
48	KSA－沙特	1	1	0	2
49	HUN－匈牙利	1	0	5	6
50	TPE－中华台北	1	0	1	2
50	TUR－土耳其	1	0	1	2
52	MGL－蒙古	1	0	0	1
53	ISR－以色列	0	5	1	6
54	ANG－安哥拉	0	3	0	3
55	JOR－约旦	0	2	2	4

续表

排名	国家/地区	金牌	银牌	铜牌	总数
56	LTU – 立陶宛	0	2	0	2
56	SRB – 塞尔维亚	0	2	0	2
58	ARG – 阿根廷	0	1	5	6
59	SLO – 斯洛文尼亚	0	1	2	3
60	BUL – 保加利亚	0	1	1	2
60	COL – 哥伦比亚	0	1	1	2
60	IRQ – 伊拉克	0	1	1	2
63	BIH – 波黑	0	1	0	1
63	PAK – 巴基斯坦	0	1	0	1
63	PNG – 巴布亚新几内亚	0	1	0	1
63	ROU – 罗马尼亚	0	1	0	1
63	UAE – 阿联酋	0	1	0	1
68	LIB – 黎巴嫩	0	0	2	2
69	BEL – 比利时	0	0	1	1
69	EST – 爱沙尼亚	0	0	1	1
69	JAM – 牙买加	0	0	1	1
69	LAO – 老挝	0	0	1	1
69	MAS – 马来西亚	0	0	1	1
69	NAM – 纳米比亚	0	0	1	1
69	PUR – 波多黎各	0	0	1	1
69	SYR – 叙利亚	0	0	1	1
总计		473	471	487	1431

北京奥运会最值得珍藏的10个瞬间

2008年8月8日：胡锦涛宣布第29届奥运会开幕

1908年，《天津青年》杂志曾撰文提出了三个问题：中国何时能派一名运动员参加奥运会？中国何时能派一支运动队参加奥运会？中国何时能办一届奥运会？从1908年到2008年整整100年，中国人早已实现了前两个愿望。2008年8月8日晚8时，中华人民共和国主席胡锦涛在中国国家体育场，隆重宣布第29届奥林匹克运动会开幕，中华民族举办奥运会的百年梦想，终于得以实现。

2008年7月27日：北京奥运村正式开村

2008年7月27日，被称为“奥运之家”、位于奥林匹克公园内的北京奥运村正式开村，中国体育代表团第一个入住。随后，来自200余个国家和地区的16000多名运动员和随队官员陆续入住。拥有42栋运动员公寓楼的北京奥运村是奥运会赛时最重要的服务场所和安保级别最高的场所之一。2005年6月30日几乎和奥运村同时开工的奥林匹克公园，已于2008年7月1日开始迎客。同一天，北京奥运会观众呼叫中心正式开通12308热线，第一批400多名赛会志愿者随之正式上岗。到8月1日，170万名志愿者（包括10万名赛会志愿者、40万名城市志愿者、100万名社会志愿者和20万名拉拉队志愿者）全部“各就各位”。

2008年6月28日：国家体育场“鸟巢”竣工

2008年6月28日，第29届奥运会的主会场——国家体育场“鸟巢”正式宣告竣工，标志着2008年北京奥运会主办及协办城市的所有37个比赛场馆全部准备就绪。此前，与“鸟巢”几乎同样出名的“水立方”——国家游泳馆已于2008年1月28日竣工。“鸟巢”和“水立方”均于2003年12月24日开工。历时4年半建成的“鸟巢”，

拥有9.1万个观众坐席，是目前世界上规模最大、用钢量最多、技术含量最高、结构最为复杂、施工难度空前的超大型钢结构体育设施工程。而“水立方”则是目前世界上最大的游泳馆。

2008年5月8日：奥运圣火登上珠峰之巅

北京时间2008年5月8日上午9时17分，珠穆朗玛峰顶地球最高点，藏族女火炬手次仁旺姆将火炬高高擎起。这一幕，通过电视镜头展现在全世界人民面前。中国向国际奥委会作出的火炬上珠峰的庄严承诺圆满实现，同时也创造了奥运圣火登上世界第三极的新纪录。外国媒体将火炬珠峰传递称为北京奥运会的“首枚金牌”。象征着和平、友谊、希望的奥运圣火于2008年3月31日抵达北京，国家主席胡锦涛亲手点燃圣火盆，并宣布北京2008年奥运会火炬接力开始。

2007年8月8日：北京向全世界发出邀请

2007年8月8日是北京奥运会倒计时一周年，北京奥组委和社会各界在北京天安门广场举行了隆重的庆祝活动。国际奥委会主席罗格在致辞时，正式向世界各国奥委会发出邀请。届时，除1万多名运动员及随行官员外，奥运会期间来华的还有3万多名注册和非注册媒体记者。除此之外，北京奥运会开幕式还是有史以来最多国家领导人参加的一次奥运会开幕式，共有80多位国家元首、政府首脑、王室代表就座“鸟巢”贵宾看台观看奥运会开幕式。

2006年10月1日：胡锦涛考察奥运工程

2006年10月1日，胡锦涛到北京奥运场馆建设工地考察。这充分体现了中央高度重视和关心奥运会筹办工作。在北京奥运会筹办期间，中央多次召开会议研究部署，九位政治局常委均亲临现场进行考察。2008年1月，中央专门成立了以习近平为组长、周永康和刘淇为副组长的北京奥运会和残奥会领导小组。2008年6月27日，胡锦涛主持召开中共中央政治局会议，研究部署了北京奥运会筹办最后阶段重点工作。一个月后的7月26日，中共中央政治局又专门进行了以现代奥林匹克运动和办好北京奥运会为主题的集体学习。

2004年8月29日：奥运进入北京周期

2004年8月29日，在雅典奥运会闭幕式上，时任北京市市长、北京奥组委执行主席王岐山从国际奥委会主席罗格手中接过奥运会会旗，标志着奥运会正式进入北京周期。在雅典奥运会上，中国代表团获得历史最佳战绩，金牌仅次于美国位居第二。2008年北京奥运会中国体育代表团由1099人组成，其中运动员639人，超出历史上各届代表团。在家门口参加奥运会，中国开始憧憬夺金第一的梦想。

2003年8月3日：北京奥运会会徽发布

2003年8月3日，北京奥运会会徽“中国印·舞动的北京”在北京天坛祈年殿隆重发布。会徽集合了中国传统的印章、书法等艺术形式和运动特征，将中国精神、中国神韵与中国文化巧妙结合，象征开放、充满活力、具有美好前景的中国形象。近一年之后的2004年7月13日，在北京申奥成功3周年之际，2008残奥会会徽“天地人”正式公布，它集中体现了中国传统文化和“心智、身体、精神”和谐统一的残奥会精神。

2005年6月26日，北京奥运会主题口号——“同一个世界，同一个梦想（OneWorld OneDream）”公布。2005年11月11日，北京奥运会吉祥物5个“福娃”——“贝贝”、“晶晶”、“欢欢”、“迎迎”和“妮妮”在北京奥运会倒计时1000天之际向世界发出邀请：北京欢迎您！2006年9月6日，北京残奥会吉祥物——“福牛乐乐”正式揭晓。“福牛乐乐”与5个奥运福娃一起，承载起中国丰富的文化底蕴和中国人民对奥林匹克精神的追求。

2001年12月13日：北京奥组委成立

2001年12月13日，第29届奥运会组委会在北京成立，刘淇任主席，标志着北京奥运会筹办工作正式启动。同时成立的还有北京奥运会监督委员会，它对奥运会筹备工作实行全过程监督。成立初期，北京奥组委下设22个部门，2008年增加到30多个部门。2002年7月13日，北京申奥成功一周年之际，北京奥组委在网上公布了《北京奥运行动规划》，提出了“新北京、新奥运”两大主题和“绿色奥运，科技奥运，人文奥运”三大理念。规划分为总体战略构想、奥运比赛场馆及相关设施建设、生态环境和城市基础设施建设、社会环境建设和战略保障措施5个部分，共1.6万余字，是指导整个奥运会筹办工作的纲领性文件。2005年1月14日召开的北京奥组委第二次全体会议，正式提出“把2008年奥运会办成一届有特色、高水平的奥运会”的目标。

2001年7月13日：北京申奥成功

历史将永远铭记这一天。2001年7月13日22时，莫斯科，当萨马兰奇拆开信封郑重宣布“2008年夏季奥运会主办城市——北京”的瞬时，“我们赢了！”这一喜讯让中华大地沸腾了。北京天安门广场人潮欢涌，其情撼地震天；中华世纪坛鼓乐高亢，其势排山倒海。从那一刻起，中国就开始努力践行着一个负责任大国对世界的庄严承诺。7年来，北京围绕“有特色、高水平”的目标，坚持“绿色奥运、科技奥运、人文奥运”三大理念，实施“新北京、新奥运”战略构想，逐项、逐条兑现承诺，使奥运会从梦想一步一步走向现实。

中国奥运军团完全名单

代表团1099人　运动员639人

射击队

领　队：高志丹

副领队：肖昊鹏

教练员：王义夫、常静春、马　军、邵建华、陈继元、盛浩明、张民宪、薛保全、孙盛伟、张会群、王晓、江泽祥、张卫刚、王跃舫（女）、张秋萍（女）

管　理：苏之渤

医　生：刘宝荣、李小东

男运动员（15人）：谭宗亮、邱健、庞伟、贾占波、林忠仔、张鹏辉、朱启南、曹逸飞、刘忠生、李亚军、李洋、胡斌渊、王　楠、曲日东、金迪

女运动员（9人）：赵颖慧、武柳希、任洁、费逢吉、杜丽、陈颖、郭文珺、刘英姿、魏宁

射箭队

领　队：郎维

教练员：田渝陵、练国富、郭梅珍（女）

管　理：孟繁爱（女）

医　生：刘宝富

男运动员（3人）：薛海峰、李文全、姜林

女运动员（3人）：张娟娟、陈玲、郭丹

摔跤队

领　队：周进强

副领队：董生辉

教练员：许奎元、曲忠东、于涛、盛泽田、李国、尼克奇

管　理：袁海东

医　生：侯希贺

男运动员（12人）：覃和、王强、斯日古楞、王赢、梁磊、焦华锋、盛江、李岩岩、常永祥、马三义、姜华琛、刘德利

女运动员（4人）：黎笑媚、许莉、许海燕、王娇

击剑队

领　队：蔡家东

副领队：王伟

教练员：王键、鲍埃尔、王海滨、赵刚、肖剑、张永春、王钰（女）

管　理：季道明、邵静（女）

医　生：高明

男运动员（10人）：雷声、朱俊、王磊、尹练池、董国涛、黎国介、黄耀江、王敬之、仲满、周汉明

女运动员（10人）：李娜、仲维萍、苏婉文、黄嘉玲、孙超、张蕾、黄海洋、谭雪、包盈盈、倪红

帆船（帆板）队

领　队：韦迪（兼）

副领队：姚新培

教练员：蒋琛、林雄、唐庆财、刘小马、纪玉盛、王勇、王莹

管　理：许凤

医　生：苏洪

男运动员（11人）：王爱忱、王伟东、邓道坤、沈圣、张鹏、李非、胡贤强、李鸿泉、王鹤、陈秀科、罗友佳

女运动员（7人）：殷剑、徐莉佳、闻一梅、于春燕、宋夏群、李晓妮、于艳丽

现代五项队

领　队：蔡家东（兼）

副领队：许海峰

教练员：樊兵、王可、张斌、宗祥庆、沈克俭、王忠年、何家林

管　理：张 斌

医　生：赵春生

男运动员（2人）：钱震华、曹忠嵘

女运动员（2人）：修秀、陈倩

赛艇队

领　队：韦迪

副领队：曹景伟

教练员：周琦年、伊格尔、曹棉英（女）、黄小平、吴纪宁、姜海洋、王越、张蓓（女）、罗格、高炳荣、布什巴赫

管　理：齐曙光

医　生：李强

男运动员（25人）：苏辉、陈征、张亮、孙杰、张国林、田军、张林、吴崇魁、黄钟鸣、张德常、王向党、张永强、郑传奇、周意男、张顺银、何翌、曲晓明、刘振、董天峰、王景峰、宋凯、张兴波、赵林泉、郭康、吴林

女运动员（13人）：徐东香、陈海霞、余华、李勤、田靓、金紫薇、奚爱华、唐宾、冯桂鑫、张杨杨、高玉兰、吴优、张秀云

皮划艇静水队

领　队：刘 刚

副领队：宋广礼

教练员：孙尔杰、马克、钟成海、李戴源、何军、谭志宏（女）、徐菊生

管　理：姜丹

医　生：阙云太

男运动员（12人）：刘海涛、李臻、林淼、周鹏、沈洁、潘耀、黄志鹏、孟关良、杨文军、陈忠云、张志武、李强

女运动员（6人）：钟红燕、徐琳蓓、王凤、于腊梅、许亚萍、梁培兴

举重队

领　队：马文广

副领队：钱光鑑

教练员：马文辉、陈文斌、王国新、李顺柱、刘全合、于杰、龙望春

管　理：李 浩

医　生：刘长江、包信通

男运动员（6人）：张湘祥、石智勇、廖 辉、李宏利、陆永、龙清泉

女运动员（4人）：陈燮霞、陈艳青、刘春红、曹磊

皮划艇激流队

领　队：刘 刚（兼）

副领队：李 欣

教练员：张磊、马可武、克里斯帝安、汉斯、安吉利卡（女）

男运动员（4人）：胡明海、舒俊榕、冯黎明、丁富学

女运动员（1人）：李晶晶

跆拳道队

领　队：陈立人

教练员：李大成、卢秀栋、姚强、王志杰、金荣稹

管　理：张雷

医　生：朱丽华（女）、白卫民

男运动员（2人）：刘哮波、朱国

女运动员（2人）：陈 中、吴静钰

拳击队

领 队：崔富国

教练员：张传良、阿不力克木·阿不都热希提、汤尔民、谷锦华、赵 勇、努尔哈里、赵德岭、归与恒、阿不都西库尔·米吉提

管 理：李 频

医 生：崔新东、臧广悦

男运动员（10人）：邹市明、谷雨、李洋、胡青、麦麦提图尔荪·琼、哈那提·斯拉木、王建政、张小平、尼加提·玉山、张志磊

柔道队

领 队：沈志刚

副领队：熊凤山

教练员：傅国义、刘永福、吴卫凤（女）、刘家岭、张建忠、徐殿平、吕苗苗（女）、石明、周益强、李斌

管 理：刘祯

医 生：苏活权

男运动员（7人）：刘仁旺、乌日图毕力格、斯日吉嘎瓦、郭磊、何焰柱、邵宁、潘松

女运动员（7人）：吴树根、冼东妹、许岩、徐玉华、王娟、杨秀丽、佟文

游泳队

领 队：尚修堂

副领队：江斌波

教练员：张亚东、么正杰、叶 瑾（女）、韩冰岩、陈映红（女）、刘海涛、石晓铭（女）、朱志根、潘佳章、姚颖（女）、徐国义、陈勤、常谊春、魏亚平、冯真（女）、吕森

管　理：陆一帆

医　生：郭清华（女）、巴震

男运动员（17人）：蔡力、陈祚、张恩剑、张琳、孙杨、孙晓磊、邓健、薛瑞鹏、赖忠坚、石峰、陈寅、吴鹏、曲敬宇、黄绍华、吕志武、施浩然、辛桐

女运动员（31人）：朱颖文、徐妍玮、庞佳颖、朱倩蔚、谭淼、李茉、李玄旭、尤美宏、赵菁、陈燕燕、齐晖、孙晔、罗男、陈慧佳、周雅菲、刘子歌、焦刘洋、李佳星、王然迪、唐奕、王丹、杨雨、刘京、哈思楠、汤景之、高畅、洪文文、徐田龙子、王群、李哲思、方晏乔

跳水队

领　队：李桦

副领队：周继红（女）

教练员：钟少珍（女）、刘恒林、胡恩勇、任少芬（女）、李清（女）、赵文进、胡玮

管　理：高严（女）

医　生：何国荣、刘海英（女）

男运动员（6人）：何冲、秦凯、王峰、林跃、火亮、周吕鑫

女运动员（4人）：郭晶晶、吴敏霞、陈若琳、王鑫

花样游泳队

教练员：井村雅代（女）、汪洁（女）、郑嘉（女）、浅岡良信

管　理：白慕炜（女）

医　生：任素春（女）

女运动员（9人）：张晓欢、顾贝贝、王娜、蒋文文、蒋婷婷、孙萩亭、刘鸥、罗茜、黄雪辰

体操队

领　队：高健

副领队：黄玉斌

教练员：陈雄、王国庆、王红卫、陆善真、刘桂成、刘群琳（女）、金卫国、熊景斌、莫建邦、黄志基

管　理：张红亮

医　生：张佩文、刘舒

男运动员（6人）：杨威、李小鹏、陈一冰、肖钦、黄旭、邹凯

女运动员（6人）：程菲、杨伊琳、江钰源、何可欣、李珊珊、邓琳琳

蹦床队

领　队：赵郁馨（女）

教练员：胡星刚、蔡光亮、陈琪林、卓贤麟

管　理：李舸

医　生：朱章标

男运动员（2人）：董栋、陆春龙

女运动员（2人）：黄珊汕、何雯娜

手球队

领　队：孟伟

教练员：姜在源、王心东、王遐、闫威名、曹久利、杜江涛

管　理：王建国、金振宇

医　生：宋扬

男运动员（15人）：闫亮、郝可鑫、王晓龙、周小坚、崔亮、李和鑫、苗青、田剑侠、叶强、王泷、张星、张骥、祝捷、朱闻欣、崔磊

女运动员（15人）：吴亚楠、李薇薇、张耿、王莎莎、吴雯绢、刘晓妹、李兵、王旻、黄冬杰、刘赟、孙来苗、刘桂妮、黄红、闫美珠、韦秋香

垒球队

领　队：江秀云（女）

教练员：王丽红（女）、陶 桦（女）、黄维刚、罗哈斯

管 理：杨旭

医 生：王苍松

运动员（15人）：吕伟、于汇莉、李琪、潘霞、郭佳、于燕宏、孙莉、吴迪、黎春霞、谭瑛、张丽芳、周怡、张爱、辛敏红、雷东辉

棒球队

领 队：雷军

副领队：申伟（女）

教练员：詹姆斯、施蒂芬、易胜

医 生：路怀民

运动员（24人）：李晨浩、王楠、徐铮、李韦良、吕建刚、张力、陈坤、卜涛、陈俊毅、刘凯、孙国强、郭有华、王伟、杨洋、贾昱冰、张玉峰、贾德龙、侯凤连、孙炜、孙岭峰、张洪波、冯飞、李磊、王超

曲棍球队

领 队：杜兆才

副领队：海线（女）

教练员：金相烈、吉尔斯·博内特、庄晓东、郭杰、金昶伯、罗小兵、贾 伟

管 理：李红星、金成吉

医 生：朱臻辉、唐小松

男运动员（18人）：蒋希上、孟立志、李玮、于洋、刘宪棠、陆锋辉、宋毅、骆方明、胡汇仁、胡亮、孟军、陶志南、德云泽、孙天俊、敖长荣、孟旭光、苏日峰、那玉波

女运动员（18人）：陈朝霞、马弋博、程晖、黄俊霞、付宝荣、李爽、唐春玲、周婉峰、高丽华、张益萌、孙镇、李红侠、任烨、陈秋琦、赵玉雕、宋清龄、李爱莉、潘凤贞

篮球队

领　队：李元伟

副领队：胡加时、白喜林

教练员：匡鲁彬、马赫、范斌、王芳（女）、蒂姆斯（女）、埃尔、尤纳斯、郭士强、尼尔森

管　理：谢海田、郑诚

医　生：张猛、杜文亮

男运动员（12人）：刘炜、孙悦、王仕鹏、朱芳雨、杜锋、易建联、李楠、王治郅、姚明、王磊、陈江华、张庆鹏

女运动员（12人）：宋晓云、卞兰、苗立杰、张晓妮、陈楠、刘丹、张晗兰、张伟、陈晓丽、隋菲菲、邵婷婷、张瑜

排球队

领　队：徐利

副领队：张蓉芳（女）、李全强

教练员：陈忠和、俞觉敏、张建章、包壮、周建安、谢国臣、张洛

管　理：戴琬华（女）、郭晓燕（女）

医　生：卫雍绩、王凯、宋卫平

男运动员（12人）：边洪敏、袁志、郭鹏、施海荣、崔建军、焦帅、于大伟、沈琼、姜福东、任琦、隋盛胜、方颖超

女运动员（12人）：王一梅、冯坤、杨昊、刘亚男、魏秋月、徐云丽、周苏红、赵蕊蕊、薛明、李娟、张娜、马蕴雯

自行车队

领　队：蔡家东（兼）

教练员：周广科、莫雷龙、刘宏、吴述成、王永庆、李富玉

管　理：蒋国锋、宋翔

医　生：张志伟

男运动员（5人）：张 磊、冯永、李文浩、姬建华、张亮

女运动员（7人）：郭爽、李燕、刘颖、任成远、高敏、孟浪、马丽芸

铁人三项队

领　队：许海峰（兼）

教练员：黄光泉

管　理：陈笑然

男运动员（1人）：王大庆

女运动员（2人）：邢 琳、张 一

田径队

领　队：罗超毅

副领队：王大卫、冯树勇

教练员：胡新民、林治强、余维立、张景龙、李庆、赵勇、李国雄、张国伟、孙海平、芦泉彬、沙应正、宋绍利、熊杰、李健、谭洪海、梁松利、苏景海、张阜新、张清华（女）、何幼棣、丛玉珍（女）、何增生、李正、叶奎刚、李梅素（女）、杨文科、朱华刚、李善增、史美创

管　理：王晓莹（女）、付维波

医　生：江 山、李旭坤、黄昌太

男运动员（32人）：张培萌、温永毅、陆斌、梁嘉鸿、邢衍安、胡凯、刘孝生、李翔宇、任龙云、邓海洋、李柱宏、韩玉成、褚亚飞、王浩、董吉敏、虞朝鸿、李建波、赵成良、司天峰、刘 翔、史冬鹏、纪伟、孟岩、黄海强、刘飞亮、李润润、周灿、仲敏维、顾俊杰、李延熙、陈奇、齐海峰

女运动员（45人）：蒋兰、陈珏、王静、秦旺平、陶宇佳、韩玲、陈静文、王金萍、薛飞、张莹莹、何盼、白雪、董晓琴、周春秀、朱晓琳、陈荣、张淑晶、刘虹、蒋秋艳、杨明霞、时娜、李珍珠、朱艳梅、金源、郑幸娟、高淑英、

李玲、巩立姣、李玲、李梅菊、孙太凤、宋爱民、马雪君、李艳凤、张文秀、王峥、昌春风、宋丹、张莉、刘海莉、汤晓茵、刘青、周杨、谢荔梅、赵艳妮

沙滩排球队

领　队：徐利（兼）

副领队：王建平

教练员：王缪志红、颜建明、薛刚

医　生：秦伟

男运动员（2人）：徐林胤、吴鹏根

女运动员（4人）：王洁、田佳、薛晨、张希

马术队

领　队：蔡家东（兼）

副领队：王伟（兼）

教练员：斯蒂芬妮（女）、理查德、卡斯滕、鲍尔、埃克希儿

管　理：成庆

男运动员（5人）：华天、张滨、李振强、黄祖平、赵志文

女运动员（1人）：刘丽娜

水球队

领　队：李维波

副领队：王敏（女）

教练员：王铁生、王敏辉、蔡添雄、龚大立、胡安、潘盛华、洪禧澄

管　理：刘钦龙

男运动员（13人）：用、 谭飞虎、王贝铭、谢俊敏、韩志东、马建军、梁仲兴、王洋、余利君、吴志宇、葛伟青、李斌、李俊

女运动员（13人）：杨珺、滕飞、刘萍、孙玉君、何金、孙雅婷、王莹、高翱、王毅、马欢欢、孙惠子、乔蕾颖、谭颖

足球队

领　队：谢亚龙、南勇

教练员：殷铁生、米切尔、杜伊、宿茂臻、商瑞华、朱和元、高荣明、陈金刚

管　理：李晓光、罗钊、李晨

医　生：严诚、尹煜华

男运动员（22人）：韩鹏、周海滨、苑维玮、崔鹏、郜林、沈龙元、邱盛炯、李玮锋、姜宁、刘震理、朱挺、赵旭日、冯潇霆、戴琳、张鹭、谭望嵩、蒿俊闵、吕建军、万厚良、陈涛、董方卓、郑智

女运动员（22人）：张艳茹、翁晓洁、周高萍、翁新芝、谢彩霞、王坤、韩端、毕妍、韩文霞、马晓旭、张颖、袁帆、徐媛、浦玮、张娜、李洁、刘卅、王丹丹、古雅沙、娄佳惠、江帅、刘华娜

艺术体操队

领　队：高健（兼）

教练员：夏燕飞（女）、白梅（女）、梁芹（女）

管　理：张力为

医　生：赵鑫

运动员（7人）：章硕、孙丹、俞陶、隋剑爽、蔡彤彤、吕远洋、李红杨

乒乓球队

领　队：刘凤岩

副领队：黄飚

教练员：刘国梁、李晓东、吴敬平、施之皓、李隼、孔令辉

管　理：张晓蓬

医　生：尚学东

男运动员（4人）：王皓、马琳、王励勤、陈玘

女运动员（4人）：张怡宁、郭跃、王楠、李晓霞

羽毛球队

领　队：李永波

副领队：李卫国

教练员：田秉毅、钟波、陈兴东、李志锋、汤仙虎、贺向阳、唐学华、张军、翁建德（女）

管　理：胡学兵

医　生：李建平、李全意

男运动员（9人）：林丹、鲍春来、陈金、蔡赟、傅海峰、郑波、谢中博、郭振东、何汉斌

女运动员（10人）：张宁、谢杏芳、卢兰、杨维、张洁雯、张亚雯、魏轶力、高崚、于洋、杜婧

网球队

领　队：孙晋芳（女）

教练员：蒋宏伟、陈莉（女）、姜山、谢昭、张琪、张宇、理查德、马丁、王金禄、李斌

医　生：刘剑伟

男运动员（3人）：孙鹏、曾少眩、于欣源

女运动员（5人）：李娜、郑洁、晏紫、彭帅、孙甜甜

附件5 Fujian

火炬接力传递计划路线

传递日期（2008年）	传递地点
3月24日	圣火点火仪式（奥林匹亚）
3月24~29日	希腊传递
3月30日	圣火交接仪式（雅典）
3月31日	圣火抵达北京欢迎仪式
4月1日	起程前往阿拉木图
4月2日	阿拉木图
4月3日	伊斯坦布尔
4月5日	圣彼得堡
4月6日	伦敦
4月7日	巴黎
4月9日	旧金山
4月11日	布宜诺斯艾利斯
4月13日	达累斯萨拉姆
4月14日	马斯喀特
4月16日	伊斯兰堡
4月17日	新德里
4月19日	曼谷
4月21日	吉隆坡
4月22日	雅加达
4月24日	堪培拉
4月26日	长野
4月27日	首尔
4月28日	平壤
4月29日	胡志明市

续表

<table>
<tr><th>传递日期（2008年）</th><th colspan="2">传递地点</th></tr>
<tr><td>5月2日</td><td colspan="2">香港</td></tr>
<tr><td>5月3日</td><td colspan="2">澳门</td></tr>
<tr><td>5月4日</td><td rowspan="4">海南省</td><td rowspan="4">三亚市
五指山市
万宁市
海口市</td></tr>
<tr><td>5月5日</td></tr>
<tr><td>5月5日</td></tr>
<tr><td>5月6日</td></tr>
<tr><td>5月7日</td><td rowspan="4">广东省</td><td rowspan="4">广州市
深圳市
惠州市
汕头市</td></tr>
<tr><td>5月8日</td></tr>
<tr><td>5月9日</td></tr>
<tr><td>5月10日</td></tr>
<tr><td>5月11日</td><td rowspan="4">福建省</td><td rowspan="4">福州市
泉州市
厦门市
龙岩市</td></tr>
<tr><td>5月12日</td></tr>
<tr><td>5月12日</td></tr>
<tr><td>5月13日</td></tr>
<tr><td>5月14日</td><td rowspan="3">江西省</td><td rowspan="3">瑞金市
井冈山市
南昌市</td></tr>
<tr><td>5月15日</td></tr>
<tr><td>5月16日</td></tr>
<tr><td>5月17日</td><td rowspan="5">浙江省</td><td rowspan="5">温州市
绍兴市
杭州市
宁波市
嘉兴市</td></tr>
<tr><td>5月17日</td></tr>
<tr><td>5月18日</td></tr>
<tr><td>5月22日</td></tr>
<tr><td>5月22日</td></tr>
<tr><td>5月23~24日</td><td colspan="2">上海市</td></tr>
<tr><td>5月25日</td><td rowspan="5">江苏省</td><td rowspan="5">苏州市
南通市
泰州市
扬州市
南京市</td></tr>
<tr><td>5月25日</td></tr>
<tr><td>5月26日</td></tr>
<tr><td>5月26日</td></tr>
<tr><td>5月27日</td></tr>
</table>

续表

传递日期（2008年）	传递地点	
5月28日	安徽省	合肥市
5月29日		淮南市
5月29日		芜湖市
5月30日		绩溪县
5月30日		黄山市
5月31日	湖北省	武汉市
6月1日		宜昌市
6月2日		荆州市
6月3日	湖南省	岳阳市
6月4日		长沙市
6月5日		韶山市
6月6日	广西壮族自治区	桂林市
6月7日		南宁市
6月8日		百色市
6月9日	云南省	昆明市
6月10日		丽江市
6月11日		香格里拉
6月12日	贵州省	贵阳市
6月13日		凯里市
6月14日		遵义市
6月15~16日		重庆市
6月17日	新疆维吾尔自治区	乌鲁木齐市
6月18日		喀什市
6月19日		石河子市
6月19日		昌吉市
6月21日	西藏自治区	拉萨市
6月22日	青海省	格尔木市
6月23日		青海湖
6月24日		西宁市

续表

传递日期（2008年）	传递地点	
6月25日	山西省	运城市
6月25日		平遥县
6月26日		太原市
6月27日		大同市
6月28日		航天城
6月29日	宁夏回族自治区	中卫市
6月30日		吴忠市
7月1日		银川市
7月2日	陕西省	延安市
7月3日		杨凌
7月3日		咸阳市
7月4日		西安市
7月5日	甘肃省	敦煌
7月6日		嘉峪关市
7月7日		兰州市
7月8日	内蒙古自治区	呼和浩特市
7月9日		鄂尔多斯市
7月9日		包头市
7月10日		赤峰市
7月11日	黑龙江省	哈尔滨市
7月12日		大庆市
7月13日		齐齐哈尔市
7月14日	吉林省	长春市
7月15日		松原市
7月15日		吉林市
7月16日		延吉市
7月17日	辽宁省	沈阳市
7月18日		鞍山市
7月19日		大连市

续表

传递日期（2008年）	传递地点	
7月21日	山东省	青岛市
7月21日		临沂市
7月22日		曲阜市
7月22日		泰安市
7月23日		济南市
7月25日	河南省	郑州市
7月26日		开封市
7月27日		洛阳市
7月28日		安阳市
7月29日	河北省	石家庄市
7月30日		秦皇岛市
7月31日		唐山市
8月1~2日		天津市
8月3日	四川省	广安市
8月4日		乐山市
8月5日		成都市
8月6~8日		北京市

后记

我们正处在一个非常伟大的时代，这不仅仅是因为奥运举办、神七飞天，也不仅仅是因为已经飞跃海峡的团团和圆圆，更多的，还有我们正在经历的这样一个节点——全球性金融危机。赛车比赛中最重要的技术是转弯,同样都是顶级赛车的高手，往往就是在通过弯道后拉开了距离。目前这场危机，从一定程度说，也是各经济体正在进行的一次弯道锦标赛。世界金融中心华尔街风雨飘摇，贝尔斯登、美林、雷曼兄弟等金融大鳄相继倒下，那么，谁能在最后的阶段坚持并且胜（剩）出。

早在2008年年初，温家宝总理就说，今年也许是中国经济最为困难的一年。2008年年底，这一切都正在变为现实，而且，情况还在加重。金融危机是一场消灭财富的战争，在这场战争中，失败者既有穷人也有富人，换句话说，是穷人和富人一起遭殃。所以，当我们编辑这套《2008中国年谱》的时候，脊背后好像还在冒着丝丝凉意。

的确，2008年给人的感觉很不寻常。以前，我们也经历过地震，也应对过冰雪，也处置过很多不期而遇的事件，但唯独在2008年，这一切都裹挟在一起以更大强度的破坏力向我们涌来。大地震改变了世界对中国实力的看法，但我们依然是一个大而脆弱的后进国家。奥运会的成功举办让世界为之又惊又羡，但瞬间又陷入毒奶粉事件的惶恐之中。民族自豪的情绪还是抵不过世界经济危机的现实无奈，面对这场冲击我们又该有怎样的对策。

用黄仁宇的观点来看，中国现在已经跃入一个“数目字管理”的时代。所有的偶然性都有其必然性。从这个角度出发，中国今年遭受的种种磨难，都是一个崛起的势头当中必须经历的考验。从大历史的角度，这些考验都是肯定会最终通过的，但过程绝不会一帆风顺。出口遭受严重的打击，转向启动内需，囊中羞涩而又丧失了信心的民众，何以消费？社会保障体系不健全，企业投资效率低下，法治建设任重道远，腐败层出不穷，而制度与公平却是最稀缺的资源，做何抉择？也正是从这个意义上说，《2008中国年谱》这套丛书选取的视角是契合现实的考量并兼顾未来的方向的，是思考了眼前的问题和准备好从新的起点出发的要求的，因而，是一定要为未来我们的选择做历史的见证的。无论是对《汶川汶川》的沉思还是对《三鹿悲“聚”》的追问，无论是对《金融海啸》的质疑还是对《中国救市》的解剖，也无论是对《奥运你好》的珍藏还是对《网络新政》的激荡，总之一句话，真真实实摆在我们面前需要我们做的，都是最最重要的，告别《黑色记忆》的悲痛，远离《虎门之争》的喧嚣，昂起头来，深化《民生治政》，谱写一曲更加辉煌的《看这30年》。

此时此刻，我们似乎又回到一个原点——改革。为应对国际金融危机对中国经济的冲击，中央决定实施积极的财政政策和适度宽松的货币政策，并确定今后两年内4万亿元的投资安排。可以想见，这次历史罕见的大规模投资，对抵御外部危机冲击、拉动经济增长将起到积极作用。但这还远远不够。目前一个最重要的问题，是面对这次国内经济遇到的困难和矛盾，很多人并没有从内心深处去反省造成问题的原因。虽然有外部影响，但主要是因为中国自身的经济增长方式出现了问题。换言之，即使没有国际金融危机的影响，我们的经济增长方式也难以为继。转变增长方式，早在20世纪90年代中期就提出来了，但到现在也没有转变过来，根本原因就在于改革滞后、甚至停滞不前。如果我们能利用这次危机，加快改革进程，理顺几大关系，我们就有可能成为此次金融危机的受益者。否则，只会进一步加剧社会矛盾，扩大社会不稳定因素，给未来的经济发展埋下更大的隐患。

多少年来，“将牛奶倒在河里”几乎成了大萧条的一个符号。只不过原来说牛奶是资本家倒的，是为了维持他们的垄断利润。后来有人发现，牛奶原来是农民或农业工人倒的，目的当然也是为了维持可以有利润的价格，至少是不愿意在赔本的情况下再赔上汽油钱将牛奶运到城里去。不管怎么说，被倒掉的牛奶成了大萧条或生产过剩危机的一个符号或象征。但在2008年，我们这里也不断传来奶农倒奶的消息。那么，这背后又给我们怎样的警示呢？

编 者

2008年12月31日